Jubiläumskongress
10 Jahre Soziale Stadt –
Das Bund-Länder-Programm in der Praxis

Berlin, Juli 2009

Impressum

Herausgeber
Bundesministerium für Verkehr, Bau und Stadtentwicklung (BMVBS)
Invalidenstraße 44
10115 Berlin

Bundesinstitut für Bau-, Stadt- und Raumforschung (BBSR) im
Bundesamt für Bauwesen und Raumordnung (BBR)
Deichmanns Aue 31-37
53179 Bonn

Bearbeitung
Bundestransferstelle Soziale Stadt,
Deutsches Institut für Urbanistik GmbH (Difu)
Straße des 17. Juni 112
10623 Berlin

Thomas Franke (V.i.S.d.P.)
Wolf-Christian Strauss
Christa Böhme
Patrick Diekelmann

Redaktion
Bundestransferstelle Soziale Stadt,
Deutsches Institut für Urbanistik GmbH (Difu)

Klaus-Dieter Beißwenger

Gestaltung und Satz
dezign: johlige Werbeagentur, Dallgow-Döberitz

Umschlagfotos
Gerhard Kassner, Bernhardt Link

ISBN 978-3-88118-442-7

Berlin, Juli 2009

Inhalt

Reden und Grußworte 4

Begrüßung und Eröffnung 5
Wolfgang Tiefensee, Bundesminister für Verkehr, Bau und Stadtentwicklung

Gesellschaftliche Herausforderung und gemeinsame Verantwortung für eine soziale
Stadtentwicklungspolitik 10
Franz Müntefering, MdB, Bundesminister a. D., Vorsitzender der Sozialdemokratischen Partei Deutschlands

Soziale Stadt – Das Programm aus Sicht der Länder 19
*Lutz Lienenkämper, Minister für Bauen und Verkehr des Landes Nordrhein-Westfalen, Vorsitzender
der Bauministerkonferenz*

Bilanz – Beispiele und Erfahrungen aus der Praxis 24

Handlungsfeld Wohnen:
„Wohnen in der Sozialen Stadt" – Nürnberg-Nordostbahnhof 25

Handlungsfeld Bildung:
„Lokaler Bildungsverbund Reuterquartier" – Berlin-Neukölln 35

Handlungsfeld Lokale Ökonomie, Beschäftigung und Qualifizierung:
„Ostpol – Gründercampus Offenbach" – Offenbach-Östliche Innenstadt 47

Handlungsfeld Integration:
„Begegnungsstätte in der Moschee" und „Rosengarten Gülhane Elise" – Duisburg-Marxloh 59

Handlungsfeld Gesundheit:
„KLEEMOBIL – Aufsuchende Sozialarbeit/Familienhebammen" – Stralsund-Grünhufe 69

Zukunft der Sozialen Stadt aus Sicht der Politik 82

Moderierte Diskussionsrunde 83

Schlusswort 112

Folgerungen und Ausblick 113
*Achim Großmann, Parlamentarischer Staatssekretär beim Bundesminister für Verkehr, Bau und
Stadtentwicklung*

Reden und Grußworte

Begrüßung und Eröffnung

Wolfgang Tiefensee, Bundesminister für Verkehr, Bau und Stadtentwicklung

Foto: Gerhard Kassner

Ich begrüße Sie auf das Herzlichste hier an diesem Ort, um ein zehnjähriges Jubiläum zu begehen: zehn Jahre Soziale Stadt. Ich erinnere daran, dass wir im Jahr 1989 eine der größten Bürgerbewegungen hatten, die dazu geführt hat, dass die Mauer einstürzte. Ich behaupte, spätestens im Jahr 1999 ist mit dem Programm Soziale Stadt eine weitere, riesige Bürgerbewegung in Gang gesetzt worden, eine Bürgerbewegung der ganz besonderen Art:

Es haben sich Menschen aus Stadtquartieren und Städten zusammengefunden, die ein Ziel einte. Sie wollten etwas dafür tun, dass die Spannungen in den kleinen, mittleren und großen Städten, Spannungen zwischen Menschen, zwischen Quartieren, behoben werden. In der deutschen Sprache verschleiern wir oft das, was wir eigentlich meinen: Wenn wir zum Beispiel von „Nullwachstum" sprechen, dann meinen wir „Stagnation", oder wenn wir „Entmischung" sagen, dann vermischt sich da eben gerade nichts, sondern es driftet auseinander. Die Probleme klar beim Namen zu nennen, war die Aufgabe Mitte der Neunzigerjahre. Denn die Städte standen damals vor großen Herausforderungen.

Es ist wichtig, dass man die Sorgen mit klaren Worten benennt, dann findet sich oftmals auch eine Lösung. Es war nicht selbstverständlich, ein solches

Begrüßung und Eröffnung

Programm ins Leben zu rufen. Der damalige Bauminister, Franz Müntefering, hat das 1999 getan. Ich habe mehrere Reisen nach Nordrhein-Westfalen unternommen, um an die Wurzeln dieses Programms zu gehen, zum Beispiel nach Gelsenkirchen, und habe mir dort angeschaut, wie das in den Jahren 1997/98 ausprobiert wurde, was dann im Jahr 1999 auf die Bundesebene gehoben wurde. Es ist alles andere als selbstverständlich, dass wir die Ehre haben, den „Vater", mindestens den „Mann mit dem Rückenwind", hier begrüßen zu dürfen. Ich denke, das sollten wir noch einmal ganz besonders und extra tun: Ganz herzlichen Dank, Franz Müntefering, dass du hier bist und uns die Ehre gibst.

Einige Menschen haben das Privileg, dass sie am Pult stehen dürfen, im Scheinwerferlicht. Sie dürfen über das berichten, was da in den letzten zehn Jahren gelaufen ist, und sie dürfen einen Ausblick geben. Eigentlich müssten wir das Pult umdrehen. Eigentlich sind Sie, die Sie hier sitzen, diejenigen, die dieses Programm tragen und zum Erfolg geführt haben. Und es ist eine riesige Erfolgsgeschichte, meine sehr verehrten Damen und Herren, liebe Verbündete in dem Programm Soziale Stadt. Denn es ist ein Programm, Herr Lienenkämper, das eben auch von den Ländern getragen

Foto: Gerhard Kassner

wird, ganz stark von ihnen finanziert wird. Vor allem aber hat es in den Städten und Gemeinden eine Fülle von Menschen in Bewegung gesetzt, die tagtäglich mit ihrer Kraft, mit ihrer Zeit, mit ihren Ideen punktgenau eine Lösung für ihren Stadtteil gefunden haben. Deshalb ist es ein Jubiläum, das vor allem denjenigen Dank zollen soll, die dieses Programm in den letzten Jahren getragen haben.

Das ist nicht selbstverständlich. Stadtquartiere mit besonderem Entwicklungsbedarf brauchen ein ganz besonderes Engagement. Das ist gleichzeitig eben auch besonders schwer, denn die Erfolge stellen sich nicht sofort ein. Deshalb braucht man einen langen Atem. Den haben Sie bewiesen und haben dafür gesorgt, dass das 1999 auf den Weg gebrachte Programm so erfolgreich ist. Dies lässt sich an Zahlen festmachen, die sicherlich immer noch mal eine Rolle spielen werden. Insgesamt haben wir 2,7 Milliarden Euro zusammen aufgelegt – Bund, Länder und Gemeinden, allein der Bund 860 Millionen in den vergangenen zehn Jahren.

Ich kam 2005 in dieses Amt. Ich war vorher Oberbürgermeister, kannte also das Programm Soziale Stadt sehr gut. Gemeinsam mit meinem Staatssekretär habe ich als Erstes im November 2005 dafür gesorgt, dass das Programm deutlich aufgestockt wurde. Im Jahr 2009 sind wir mittlerweile bei 105 Millionen Euro Bundesfinanzhilfen. Wir haben die Mittel nicht nur für die Investitionen verstärkt, sondern auch dafür gesorgt, dass noch zusätzliche Modellvorhaben gestützt und gefördert werden können.

Denn wir wissen: Nicht nur in Stein sollten wir investieren, nicht nur in den Ausbau von Kindertagesstätten, Jugendfreizeiteinrichtungen, die örtliche Wirtschaft stärken, die Turnhalle renovieren, sondern wir wollen auch mit unseren Modellprojekten dafür sorgen, dass Integration stattfinden kann. Dies ist gut gelungen. Diese Ausrichtung wollen wir auch in Zukunft fortsetzen, und das ist die Botschaft, die ich heute an Sie weitergeben will. Sie können davon ausgehen: Dieses Programm wird auf hohem Niveau weitergeführt, dieses Programm soll Sie auch weiter unterstützen, damit Sie langfristig weiterarbeiten können.

Die zweite Botschaft ist: Wir brauchen das Feedback von Ihnen, damit wir das Programm immer wieder neu justieren und so an veränderte Anforderungen anpassen können. So soll dieser Kongress auch die Möglichkeit bieten, von Ihnen zu hören: Wo müssen wir ansetzen, wo müssen wir die Stellschrauben vielleicht verändern, damit wir noch besser werden?

Die Herausforderungen, die Spannungen zu beseitigen, beziehen sich natürlich auf die unterschiedlichen Entwicklungen in den Stadtteilen. Wir wissen, dass Bildung immer noch viel zu sehr davon abhängt, ob zu Hause ein Bücherschrank steht, ob die Eltern qualifiziert sind oder nicht. Wir wissen, dass Integration von Menschen mit Migrationshintergrund schwierig ist, wenn die Sprache nicht da ist. Wir wissen, dass Integration vor Ort in der Schule, an der Arbeitsstelle, in den Familien, aber eben auch im Stadtbezirk stattfindet. Wir wissen, dass wir Antworten finden müssen auf Fragen der Demografie, der Arbeitslosigkeit und der sozialen Spannungen.

Aus diesem Grunde wenden wir uns in der Zukunft den Themen Beschäftigung, Bildung, Integration und neuerdings auch verstärkt dem Thema Gesundheit zu.

Foto: Gerhard Kassner

Bildung ist das Thema: Menschen an Bildung heranzuführen und denjenigen über die Hürden zu helfen, die nicht schon an der Wiege gesungen bekommen haben, dass sie eine hohe Qualifikation erreichen werden. Ich bin gestern in der James-Krüss-Schule in Berlin gewesen und habe dort erfahren, wie man Elternhaus und Schule zusammenbinden kann und gleichzeitig noch das Thema Integration mit befördert. Das ist ein kleines Beispiel von Hunderten, die es im ganzen Lande gibt. Es geht darum, die Schule zu öffnen. Es geht darum, Freizeiteinrichtungen stärker an die Schule zu binden, aber eben auch Unternehmen.

Das Thema Beschäftigung: Da ist das Programm BIWAQ zu nennen – Bildung, Wirtschaft, Arbeit im Quartier –, das wir forciert haben. Mit dem Europäischen Sozialfonds und mit Bundesmitteln – 180 Millionen, die wir in der laufenden EU-Finanzierungsperiode zur Verfügung stellen – sorgen wir dafür, dass wir das Thema Beschäftigung voranbringen.

Integration wird zunehmend ein Thema in den Stadtbezirken sein – nicht nur in Berlin, sondern auch anderswo. Lassen Sie uns gemeinsam Lösungen finden, wie wir Menschen sich einfinden lassen, wie wir die Gastfreundschaft, die Offenheit unserer Gesellschaft befördern, damit es ein gutes Zusammenleben gibt.

Schließlich das Thema Gesundheit: Wir wissen immer mehr darüber, wie wichtig es ist, in Stadtbezirken mit extremem Entwicklungsbedarf den Kindern und Jugendlichen auch ein gesundes Leben zu ermöglichen. Hier mit Projekten anzusetzen, wird auch die Aufgabe der Zukunft sein.

Städte sind nicht nur Gebäude. Schon der alte Augustinus hat gesagt: „Städte sind nicht Gebäude und Straßen, sondern die Menschen mit ihren Hoffnungen und Träumen." Wenn es uns gelingt, meine sehr verehrten Damen und Herren, gemeinsam in einer großen Bürgerbewegung dafür zu sorgen, dass die Spannungen abgebaut werden, dass Menschen Perspektiven haben, dass es nicht gute und schlechte Stadtbezirke, gute und schlechte Bildungschancen gibt, dann sind wir unserer Aufgabe gerecht geworden.

Wir im Bundesministerium auf der Seite der Bundesregierung wollen Ihnen die Unterstützung geben, die Rahmenbedingungen bieten, die Sie brauchen. Danke dafür, dass Sie in diese offene Hand einschlagen, dass Sie in einem integrierten Ansatz Schulter an Schulter dafür stehen, dass wir dieses Programm auch in der Zukunft voranbringen. Herzlichen Dank für Ihr Kommen, danke dafür, dass Sie die Ärmel aufkrempeln. Wir brauchen Sie dringend. Ich möchte Sie ermutigen, weiterzumachen.

Gesellschaftliche Herausforderung und gemeinsame Verantwortung für eine soziale Stadtentwicklungspolitik

Franz Müntefering, MdB, Bundesminister a. D., Vorsitzender der Sozialdemokratischen Partei Deutschlands

Foto: Gerhard Kassner

Es ist am 5. Juli 2009 zehn Jahre her, dass wir das Projekt „Soziale Stadt" ausgerufen haben. Das war damals – mitten im Umzug von Bonn nach Berlin – eine Veranstaltung in Berlin. Es war kein völlig neuer Gedanke, sondern wir wussten, dass es in den Ländern Überlegungen gab, wie mit Stadtteilen mit besonderem Erneuerungsbedarf umgegangen werden soll. Die Frage war: Was kann man tun und was muss man in Bewegung setzen?

Das Thema hat mich seitdem nie mehr verlassen, und es hat sich auch im Koalitionsvertrag der Großen Koalition niedergeschlagen. Ich will Ihnen die Passage zitieren: „Das Programm soll weiterentwickelt und auf die gesetzlichen Ziele konzentriert werden. Die Bündelung mit Fördermöglichkeiten anderer Ressorts soll verbessert werden."

In diesen kurzen Formulierungen wird schon deutlich, was wir hinbekommen müssen: Nämlich dass Bund, Länder und Gemeinden zusammenwirken, auch dass alle Ressorts zusammenwirken. Soziale Stadt ist eines der guten Beispiele dafür, dass dies geht.

Es ist ein großes Problem, das es in Deutschland bei der Bekämpfung vieler Probleme im politischen Bereich gibt: Wir wirken auf den politischen Ebenen nur unzureichend zusammen. Hier ist ein besonders guter Ansatz, der seit 1999 sehr erfolgreich betrieben wird.

Ich habe damals gesagt: „Dieses Programm ist ein Zeichen, es ist noch nicht die Lösung" – das gilt immer noch. Nach der Lösung muss weiter gesucht werden. „Pragmatisches Handeln zu sittlichen Zwecken", wie Helmut Schmidt das genannt hat. Sachlich, konsequent vorgehen und wissen, dass es ein großes Ziel gibt.

Wir müssen zwei Dinge auseinanderhalten, die eigentlich nur schwer auseinanderzuhalten sind. Es geht zum Ersten um die Stadtteile mit besonderem Erneuerungsbedarf. Zum Zweiten geht es um die Stadt als Ganzes. Ich weiß gar nicht, ob man das so genau auseinanderhalten kann. Das ist ein Problem, das man immer hat, wenn man sich mit dieser Thematik befasst. Was ist eigentlich das Besondere, wie lässt sich das beschreiben, was ist denn ein Stadtteil mit besonderem Erneuerungs- und Entwicklungsbedarf? Sind das nicht alle Stadtteile, sind das nicht ganze Städte, kann man eins überhaupt vom anderen trennen?

Deshalb ist die Konzentration auf diese Stadtteile mit Erneuerungsbedarf immer etwas, was auch in die Gesamtdebatte zur Entwicklung unserer Städte gehört. Dies wissend, mache ich deshalb zunächst ein paar Anmerkungen zu Stadtentwicklung im Ganzen, auch zur Kommunalpolitik im Ganzen, weil ich glaube, dass es Zeit ist, dass wir uns in Deutschland in der Politik wieder vergewissern, welche große und wachsende Bedeutung die Städte und Gemeinden haben. In einer globalisierten Welt gewinnen die großen und die kleinen Einheiten an Gewicht: nicht die Landtage, nicht die Bundestage, sondern Europa und die Entscheidungen internationaler, globaler Art einerseits und andererseits die Städte, Gemeinden und Regionen. Denn dort sind die Menschen zu Hause.

Wir sprechen über die Aufgabe der Stadt, über ihre Rolle als Heimat nur selten – „Heimat" ist auch ein seltener Begriff geworden. Es ist aber nicht so ganz unwichtig, dass die Menschen wissen, wo sie zu Hause sind, dass sie Wurzeln schlagen können und dass sie wissen, das ist nicht nur ein Ort, wo man wohnt, wo man schläft, sondern das ist ein Ort, wo man lebt. Hier wird geboren, gelebt und gestorben, da gibt es Bildung und Erziehung und Wohnen und Arbeit und Freizeit und Kultur. Da werden Unternehmen und Vereine gegründet. Da ist das pralle Leben.

Gesellschaftliche Herausforderung und gemeinsame Verantwortung für eine soziale Stadtentwicklungspolitik

In den Städten und Gemeinden entscheidet sich, ob wir in dieser Gesellschaft Lebensqualität haben oder nicht. Das soziale Miteinander ist der eigentliche Kitt der Gesellschaft.

Der Sozialstaat hat seine eigene Aufgabe. Er ist die Einrichtung, die mit großen Gesetzen auf der Bundesebene oder auf der Landesebene Dinge klärt, die sich auf den einzelnen Menschen beziehen.

Aber das Einanderzugewandtsein der Menschen kann nur dort funktionieren, wo man zusammen lebt: in den Städten und Gemeinden. Dabei sind in ganz besonderer Weise die Städte und Gemeinden herausgefordert, die es besonders schwer haben. Ohne großes Vertrauen der Politik und der Gesellschaft in die Männer und Frauen, die im kommunalen Bereich tätig sind, kann man diese Probleme überhaupt nicht lösen. Deshalb sage ich: Danke schön. Lob der Kommunalpolitik! Lob denen, die im kommunalen Bereich aktiv sind!

Viele sind heute hier. Das, was da geleistet wird, muss immer wieder in die richtige Relation zu anderen Aufgaben gestellt werden. Es gibt keine Politik, die wichtiger ist als die andere, sondern die Europa-, die Bundes-, die Landes- und die Kommunalpolitik sind in gleicher Weise Säulen, die wichtig sind für das Gelingen von Demokratie. Kommunalpolitik ist nicht das Kellergeschoss der ganzen Veranstaltung – Motto: Seht mal zu, wie Ihr klarkommt! –, sondern sie ist so wichtig wie alles andere in der Politik auch. Nur wenn man sich endlich davon trennt, dass das eine Hierarchie ist, dass man sozusagen von oben nach unten denkt, und wenn man stattdessen alles nebeneinander denkt, wird man dieser Aufgabe auch gerecht werden können. Das gilt für die, die in der Kommunalpolitik aktiv sind, es gilt auch für die, die das ehrenamtlich oder beruflich tun, die sich in verschiedenen Verbänden und Organisationen für besondere Aufgaben engagieren.

Wir haben ein Problem in Deutschland mit der Demokratie: Wir haben ganz viele, die auf der Tribüne sitzen, zugucken, es besser wissen, aber nichts tun. Und es gibt zu wenige, die bereit sind, sich da reinzuhängen und sich einzumischen: Lösungen zu suchen, sich zu engagieren, auch Ärger auf sich zu nehmen, Zeit zu investieren, dafür zu werben und dafür zu sorgen, mit neuen Ideen und mit viel Kraft daran zu gehen, die Idee der sozialen Stadt gelingen zu lassen.

Deshalb empfehle ich uns allen hier, dass wir selbstkritisch sind – natürlich machen wir auch Fehler, nicht alles gelingt, was man macht –, aber dass wir auch selbstbewusst sind. Jedenfalls sage ich ganz klar und mit aller Deutlichkeit: Diejenigen, die sich in der Kommunalpolitik, in den Städten und Gemeinden engagieren, die, die in die Manege gehen, auch wenn sie Fehler machen, die sind alle tausendmal gerechtfertigter als die, die draußen herumsitzen und sich das Maul zerreißen, aber nicht mit anpacken. Lasst uns auch ein bisschen stolz sein auf das, was wir miteinander machen, und kritisch an die herangehen, die nur zugucken, aber nicht bereit sind mitzuhelfen!

Foto: Gerhard Kassner

Die Städte im Ganzen brauchen Instrumente, sie brauchen finanzielle Ausstattung, sie sind, wie Wolfgang Tiefensee sagt, nicht eine Ansammlung von Gebäuden, sondern sie sind Gesellschaft. Es geht dabei um die Menschen und darum, wie sie sich zu Menschen verhalten, in der Vorschule, in der Schule, bei der Integration – das wirkt unmittelbar aufeinander ein und zusammen. Wenn Bundespolitik und Landespolitik sagen: Wir wollen Integration, wir wollen Bildung, dann sind wir darauf angewiesen, dass das vor Ort auch funktioniert, dass das auch organisiert wird, dass das aufeinander abgestimmt wird, dass das auf die jeweilige Situation eingestellt wird. Wir sind darauf angewiesen, dass mit Bundes- und Landesgesetzen, mit Entscheidungen und auch mit den Initiativen vor Ort die richtige Antwort für die jeweilige Stadt und für die jeweilige Region gefunden wird.

Die Frage von Bildung und Integration ist eine der ganz großen Aufgaben der nächsten ein, zwei Jahrzehnte. Wenn es uns nicht gelingt, einen vernünftigen Kompromiss zu finden und Zeichen zu setzen, wie das gelingen könnte, werden wir an einigen Stellen ziemlich ins Rutschen kommen – überhaupt keine Frage. Denn es ist auch ganz klar: An manchen Stellen gelingt es, aber an vielen Stellen treibt es auseinander, und wir müssen uns dessen bewusst sein, dass wir den vorschulischen Bereich, die Schule und die Integration als eine große, gemeinsame Aufgabe sehen müssen.

Das gilt aber eben auch für die Älteren, für die Alten, und an den Worten wird schon deutlich: Wir haben es noch gar nicht so richtig gelernt, damit umzugehen. Es ist interessant: Die Älteren sind älter als die Alten im Sprachgebrauch. Wir wissen noch gar nicht so genau, über welche Generation wir denn da sprechen. Wir leben relativ gesund zehn Jahre länger als jene, die 1960 vergleichbar alt waren. Wir haben 88 000 Lebensstunden mehr und haben viel Zeit, wir sind eine zeitreiche Gesellschaft. Muss es in einer zeitreichen Gesellschaft eigentlich Einsamkeit geben? Das kann man nicht mit Bundesgesetzen bekämpfen, sondern nur ändern, wenn Menschen anderen Menschen zugewandt sind, und zwar vor Ort und unmittelbar.

Nicht nur in den Familien wird das immer weniger. Die klassische Familie mit den beiden Alten oben, den drei oder vier Kindern darunter und den zehn Enkelkindern wird immer seltener. Da ist einer ganz allein, hat ein Kind, und das ist in München, weil es dort arbeitet. Enkelkinder gibt es nicht oder vielleicht eins, und das ist in Hamburg, weil es dort arbeitet. Da gewinnen Familien und Nachbarschaft ganz andere Funktionen, als sie früher hatten. Es gibt ganz viele Familien – damit ich nicht falsch verstanden werde –, in denen das wunderbar klappt, auch kleine Familien. Ich habe großen Respekt davor. Ich treffe viele junge Leute, die sind ganz gut drauf, das kann so nur sein, wenn es zu Hause funktioniert. Aber es gibt eben auch große Schwierigkeiten, mit dieser relativ anonymen Situation, mit der Schnelllebigkeit dieser Zeit fertig zu werden und daraus dann auch gemeinsam Gutes zu machen.

Die Gesundheitsvorsorge, die Wolfgang Tiefensee angesprochen hat, ist ein Riesenproblem, besonders in den Gebieten, in denen es immer weniger Menschen gibt. Wie ist dort die medizinische Versorgung, und wie kriegen wir es hin, dass die Ärzte auch dorthin gehen, wo sie gebraucht werden, und nicht dahin, wo sie am liebsten leben wollen?

Diese Frage kann man natürlich auch für die Schule stellen: Müssen alle Schulen gleichmäßig ausgestattet sein, oder müssen wir nicht eigentlich denen einen Bonus geben, die besondere Integrationsarbeit leisten, sei es mit Einwanderern oder mit behinderten Kindern, denen man sich da besonders zuwendet? Wieso muss das alles über einen Kamm geschoren werden? Wieso kann man das nicht zielgenauer machen in den Bereichen, die mit besonderen Herausforderungen fertig werden müssen?

Was kann man dafür tun, dass es genügend alten- und behindertengerechte Wohnungen gibt, damit die Menschen nicht so früh in stationäre

Gesellschaftliche Herausforderung und gemeinsame Verantwortung
für eine soziale Stadtentwicklungspolitik

Foto: Gerhard Kassner

Einrichtungen müssen? Zurzeit sind zwei Prozent älter als achtzig, im Jahr 2050 werden zwölf Prozent älter als achtzig sein. 2050 ist noch ein bisschen hin, aber es ist näher als 1960. Ich selbst werde dann nicht mehr dabei sein, ich werde dann im Himmel sein – oder wo Sozialdemokraten sonst hinkommen –, muss man mal gucken; ob es da Gerechtigkeit gibt auf der anderen Seite, werden wir ja sehen.

Es gibt 1,1 Millionen Demenzkranke, im Jahr 2030 werden es etwa zweieinhalb bis drei Millionen sein. Was bedeutet das für die, die pflegen, was bedeutet es für die Gesellschaft, was bedeutet das für die Ökonomie in den Städten und für die Gesellschaft insgesamt? Das sind kleine Blicke auf das, was vor uns liegt. Das wird sich in den Städten und Gemeinden sehr unterschiedlich entwickeln.

Wir werden in Deutschland Städte und Gemeinden behalten, die wachsen, und wir werden Städte, Gemeinden und ganze Landstriche haben, die deutlich schrumpfen. Darauf müssen unterschiedliche Antworten gegeben werden. Wir werden die Leute nicht zwangsverpflichten können, dass sie dort bleiben, wo wir sie gerne der besseren Balance wegen hätten. Im Grunde ist das Problem mit der sinkenden Bevölkerung aber ein sehr relatives. Ich hatte vor ein oder zwei Jahren eine chinesische Delegation zu Besuch. Denen habe ich gesagt: „Ein großes Problem, im Jahr 2030 hat Deutschland fünf Millionen Menschen weniger." Da haben die gesagt: „Ist nicht schlimm. Wir sind 200 Millionen mehr."

Es gleicht sich alles aus, das ist sogar in Europa eine Ausnahmesituation, die wir in Deutschland haben. Das heißt, es werden Menschen dazukommen, und das ist auch gut. Wir müssen dafür Regeln haben. Das heißt, wir müssen auch mit der Integrations- und mit der Zuwanderungsfrage offen umgehen. Wichtiger als alles andere ist, offen und klar damit umzugehen und nicht einfach darauf zu setzen, dass da welche kommen – und dann erst zu gucken, wie wir damit umgehen. Die ganze Frage der Integration, der Zuwanderung muss bei den Stadtministern, den Arbeitsministern, den Sozialministern verortet sein und nicht bei den Juristen und Innenpolitikern, wenn ich das einmal so abgrenzen darf. Es ist nicht böse gemeint, aber wir bearbeiten dies alles immer unter der Frage der Staatsangehörigkeit. In Wirklichkeit ist die Arbeit aber an ganz anderen Stellen zu leisten, nämlich in der Vorschule und in der Schule, auf dem Arbeitsmarkt und an vielen anderen Stellen.

Das Wohnen hat sich als Problem in den letzten zehn, zwanzig Jahren sicher etwas entspannt. Es war einmal angespannter, aber es ist keineswegs schon befriedigend gelöst. Und es gilt das alte Zille-Wort: „Man kann die Menschen mit der Wohnung erschlagen wie mit einer Axt." Das bleibt so. Die Frage ist: Hat man eine Wohnung und ist die finanzierbar, unter welchen Bedingungen lebt man da? Das ist schon etwas, was ausschlaggebend dafür sein kann, ob Kinder und junge Menschen eine Chance haben, sich vernünftig in die Schule und ins Leben hineinzufinden.

Das Thema Energie ist zu behandeln, das Thema Umwelt insgesamt. Dies führt dazu, dass die Bedeutung des Zugriffs der öffentlichen Hand – man kann auch sagen des Staates – auf die Daseinsvorsorge aus der Politik heraus noch einmal betont wird und betont werden muss. Die Frage lautet: Wie viel geben wir da aus der Hand, und auf wie viel nehmen wir Einfluss und behalten wir Einfluss? Diese Debatte hat gerade durch die aktuelle Finanzkrise und andere Zusammenhänge einen neuen Hintergrund bekommen. Ich glaube, dass wir über Jahrzehnte manchmal Dinge aus der Hand gegeben haben, die wir mit denen zusammen, die bereit sind, sich zu engagieren, besser in der Hand behalten hätten und dann auch hätten umsetzen können.

Die Stadtteile mit besonderem Bedarf – auch da kommt es darauf an, dass die Ressorts zusammenwirken, dass sich die Menschen, die Bürgerinnen und Bürger im Nachbarschaftsleben oder in Verbänden und Organisationen engagieren. Das Geheimnis des Erfolgs wird immer sein, ob man Menschen findet, die sich für ihren Stadtteil, für ihre Stadt engagieren – wohl wissend, dass es Stadtteile gibt, die man als „schlechte Viertel" bezeichnet oder als „Problemquartiere" oder als „Unterdorf" – so hieß das früher im Sauerland. Wir sollen ja unsere Mundart pflegen, also in Sauerländer Mundart: „Unterdorf". Da kämpfte man gegeneinander. Die anderen waren eben oben. Ob es solche Inseln der Zweitklassigkeit und der Armut gibt und andere Inseln des Wohlstands und ob in diesen Inseln des Wohlstands möglicherweise kluge Leute leben, die aber soziale Autisten werden, ist eine ganz andere Frage, und auch darüber müssen wir miteinander sprechen.

Die Soziale Stadt ist auf den Sozialstaat angewiesen und der Sozialstaat auf die Soziale Stadt – und so muss das zusammenkommen. In der aktuellen Finanzkrise wird gerade deutlicher, welch große Bedeutung dem staatlichen Handeln zukommt. Der Sozialstaat ist unbestritten eine große menschheitsgeschichtliche Fortschrittsidee, aber er muss auch vertieft werden, und er muss auch in den Städten und Gemeinden seine Form bekommen bei dem, was sie konkret im Alltag tun.

Was die Bildung angeht, glaube ich, dass wir den Städten und Gemeinden mehr Möglichkeiten geben müssen, für die Qualifikation in Krippen und Kitas zu wirken. Bei Wolfgang Tiefensee klang es an: Wir wissen, wie wichtig die ersten sechs bis acht Lebensjahre sind und dass da das Rückgrat wächst, nicht nur im Körper, sondern in der Persönlichkeit. Und dass die Gruppen hinreichend klein sein müssen, dass die Qualifikation im ganzen vorschulischen Bereich hinreichend gesichert sein muss. Dabei geht es dann um die Frage: Wer bezahlt es? Ich bin der Meinung, wir sollten denen, die wirklich gut verdienen, zumuten, mit einem Bildungssoli etwas dafür zu geben, dass das in Zukunft besser finanziert werden kann. Wir sollten dafür sorgen, dass wir im Bereich der Integration auch für die Nichteuropäer, die lange genug in unseren Städten und Gemeinden leben, ein Wahlrecht schaffen, damit sie eine Möglichkeit haben, sich einzumischen und mitzumischen.

Wir sollten die Freiwilligendienste stärken, damit Netzwerke entstehen können und damit dafür gesorgt werden kann, dass es in den Städten und Gemeinden Hilfsorganisationen gibt, die erst einmal dafür Sorge tragen, dass die Menschen in ihren Quartieren bleiben können. Wir müssen die kommunale Arbeitsmarktpolitik ernst nehmen und die Idee des Kommunalkombi stärker betonen und dafür sorgen, dass Menschen Arbeit haben.

Meine Damen und Herren, ich habe nicht versucht, Ihnen im Detail Vorschläge zu machen, was Sie machen sollen. Das wissen Sie besser als ich. Aber ich wollte versuchen, mit ein paar Gedanken deutlich zu machen, wie ich den Gesamtzusammenhang sehe. Diese Gesellschaft wird nur eine soziale Gesellschaft sein können und bleiben, wenn wir – Bund, Länder und Gemeinden – zusammenwirken und wenn wir alle Gedanken darauf konzentrieren: Was müssen wir auf den einzelnen Menschen bezogen tun?

Es ist kein Zufall, dass im Grundgesetz die ersten 19 Artikel solche sind, die die individuellen Rechte garantieren, Menschen in den Mittelpunkt stellen, und davon ausgehen, dass Menschen ihre Geschichte, ihr Leben, in ihrer Stadt, in ihrem Dorf, in ihrer Region leben. Von dort aus müssen wir denken und von dort aus müssen wir handeln und dafür sorgen, dass diese Idee der Sozialen Stadt eine der großen zentralen Ideen auch für die kommenden Jahre und Jahrzehnte in Deutschland bleibt. Wir haben viel zu tun. Ich wünsche Ihnen Kreativität und Mut und Ausdauer, auch für die kommende Zeit.

Die große Frage ist: Wie viel Ehrgeiz haben unsere Städte, die soziale Gesellschaft in ihrer Stadt zu organisieren? Nicht um sie kleinräumig zu bestimmen, aber um ihr Impulse zu geben, damit sie auch gelingen kann. Und nicht in allen Städten wird das mit gleicher Deutlichkeit gesehen. Daran misst sich aber im Grunde die Frage, ob Gesellschaft gelingt. Der Sozialstaat ist eine Sache, die sich in den großen Versicherungen niederschlägt. Aber der Sozialstaat kann nicht das leisten, was vor Ort zu tun ist.

In diesem Sinne vielen Dank an das Ministerium in Berlin, in Düsseldorf, allüberall, an Sie alle in den Städten und Gemeinden, die Sie unterwegs sind. Und gehen Sie mit Mut daran, es ist eine Sache, die sich lohnt und die ein großes Stück Stabilität für unsere Demokratie in Deutschland bedeutet! Es ist eine Zukunftsaufgabe von herausragender Bedeutung für das Gelingen der Demokratie und des sozialen Zusammenlebens in Deutschland insgesamt.

Vielen Dank Ihnen allen, alles Gute und Glückauf!

Soziale Stadt – Das Programm aus Sicht der Länder

Lutz Lienenkämper, Minister für Bauen und Verkehr des Landes Nordrhein-Westfalen, Vorsitzender der Bauministerkonferenz

Foto: Gerhard Kassner

Als derzeitiger Vorsitzender der Länder-Bauministerkonferenz möchte ich einige Schlaglichter auf das Bund-Länder-Programm „Soziale Stadt" werfen. Lassen Sie mich eine persönliche Bemerkung vorwegschicken: In den ersten Monaten meiner Amtszeit bin ich schon deswegen zu einem Anhänger dieses Programms geworden, weil es die verschiedenen Aspekte des Miteinander-Lebens zusammenbringt und zum Mitmachen reizt.

Das ist keines der Programme, die nur übergestülpt oder nur angeboten werden, sondern es fordert auf zum Mitmachen und zum Aktivwerden. Es ist ein Programm, das nur mit denjenigen funktionieren kann, die in den Quartieren selbst aktiv werden. Da wird Engagement geweckt, und es entwickeln sich neue Strukturen des Miteinander-Machens, des Miteinander-über-das-eigene-Lebensumfeld-Nachdenkens und des Aufbauens. Das heißt, es ist ein Programm, das Menschen im besten Sinne zusammenführt. Und es hilft Menschen dabei, ihre Quartiere aus eigener Kraft zu verbessern.

Die Akteure des Programms sind geübt darin, integrierte Konzepte zu entwickeln und zu realisieren, strukturwirksame Impulse zu setzen und privates Engagement zu initiieren: Die öffentliche Hand verbessert die Straßen und die soziale Infrastruktur und stärkt weiche Standortfaktoren wie das Wohnumfeld und öffentliche Parks. Gleichzeitig werden private Folgeinvestitionen ausgelöst: Es gilt die Formel, dass ein Euro öffentliches Geld private Investitionen von acht Euro auslöst. Insofern bekämpft die Soziale Stadt nicht nur erfolgreich die Probleme der Stadterneuerung, sondern fördert auch die lokale Wirtschaft.

Die wirtschaftliche Wettbewerbsfähigkeit, der soziale Zusammenhalt und eine nachhaltige Entwicklung sind maßgeblich von gesunden und attraktiven Städten abhängig. Denn in ihnen konzentrieren sich Wirtschaft, Arbeit, kreatives und kulturelles Leben. Daraus resultieren enorme Potenziale, aber auch Herausforderungen: Zurzeit vollziehen sich große ökonomische, demografische und gesellschaftliche Veränderungsprozesse. Ihre Auswirkungen bilden sich vor allem in den Programmstadtteilen des Bund-Länder-Programms ab. Diese Prozesse verlaufen alles andere als eindimensional: Sie betreffen den baulich-infrastrukturellen Bereich, die Ökonomie, Ökologie und das Soziale genauso wie die Integration von Menschen mit Zuwanderungsgeschichte. Diese Prozesse werden durch die aktuelle ökonomische Krise weiter verschärft. In der Konsequenz erfordert dies mehr denn je gemeinsames und abgestimmtes Handeln der Akteure und eine ressortübergreifende Förderung.

Deswegen sehe ich die Soziale Stadt als das Programm zur integrativen Entwicklung von Stadtteilen mit komplexen Problemlagen an. Grundlage des Erfolges der Sozialen Stadt ist der integrierte Ansatz. Wesentliche Kennzeichen sind

- der ganzheitliche Ansatz, der örtliche Probleme übergreifend anstatt isoliert und fachlich spezialisiert angeht,
- die Beteiligung der Bewohnerinnen und Bewohner und das Vernetzen aller Aktivitäten vor Ort,
- die Verknüpfung der Handlungsebenen vom Stadtteil, dem Bezirk und dem Rat der Stadt über die Landesregierung und Bundesregierung bis hin zur Europäischen Union sowie
- das stadtteilbezogene Bündeln von Ressourcen der öffentlichen Hand wie auch von Privaten für einen bestimmten Zeitraum.

Die Zwischenevaluation des Bund-Länder-Programms hat gezeigt: Die Soziale Stadt ist ein im besten Sinne des Wortes „lernendes Programm". Durch die gemeinsame Arbeit unterschiedlichster Akteure an konkreten Projekten entsteht ein Verständnis verschiedener Fachdisziplinen. Dieses Verständnis hilft nicht nur, den integrierten Erneuerungsansatzes im jeweiligen Programmstadtteil umzusetzen, sondern es hilft auch der gesamten Stadt. So werden im Rahmen der Sozialen Stadt entwickelte Instrumente wie der Verfügungsfonds nun auch in weiteren Programmen der Städtebauförderung angewendet. Und in vielen Städten mit langjährigen Erfahrungen in der integrierten Stadtteilerneuerung ist das Quartiersmanagement inzwischen selbstverständlich.

Ich hatte vor kurzem die Gelegenheit, mich persönlich von den Resultaten der Städtebauförderung in Düsseldorf Flingern/Oberbilk zu überzeugen. Der Stadtteil liegt „jenseits" des Düsseldorfer Hauptbahnhofs. Ein wichtiger Schlüssel zur Erneuerung war die Gestaltung des öffentlichen Raums. Insgesamt entstanden in dem hoch verdichteten Stadtteil 75 000 Quadratmeter Grünfläche. Und das mitten in der Stadt! Daneben wurden auch sozial flankierende Maßnahmen im Bereich der lokalen Ökonomie oder der Integration durchgeführt. Erst durch solche Maßnahmen können die Investitionen tatsächlich Wirkung entfalten.

Der integrative Ansatz der Sozialen Stadt wurde in Flingern hervorragend umgesetzt. Warum? Weil die Erwachsenen nicht nur ein kulturelles Umfeld und Orte zum Treffen brauchen und die Kinder nicht nur den Spielplatz und die Kindertagesstätte und die Schule in der Nähe benötigen, sondern weil Menschen genauso auch ein ansprechendes und ökologisches Umfeld wünschen. Mit dem Ansatz der Sozialen Stadt ist inzwischen aus diesem früher vernachlässigten ein attraktiver Düsseldorfer Stadtteil geworden. Das zu sehen, hat mich wirklich beeindruckt. Eine Mutter hat mir dies auch persönlich vermittelt. Sie sagte: „Ich fühle mich hier richtig wohl und bin hier wirklich gerne".

Ich bin sicher, viele von Ihnen werden solche Erlebnisse kennen. Wir Politiker sehen nicht immer sofort die Wirkung unseres Handelns. Das ist manchmal ziemlich abstrakt. Wenn Sie aber in die Stadtteile der Sozialen Stadt gehen, können Sie erfahren, was sich in den Quartieren und für die dort lebenden Menschen konkret verändert. Das ist ein Grund dafür, diese Programme dringend weiter zu verfolgen.

Ich bin Bundesminister Tiefensee für die Ankündigung dankbar, dass das Programm auf hohem Niveau weitergeführt wird. Die Länder werden ihre Kofinanzierung in gleicher Weise weiterverfolgen, da bin ich sicher, weil auch in den Ländern der Erfolg der Programme gesehen wird. Ich denke, dass das Zehn-Jahres-Jubiläum heute nicht die letzte Feier für das Bund-Länder-Programm Soziale Stadt sein wird!

Die Aktivierung des lokalen Einzelhandels ist ein weiterer wichtiger Aspekt für die Quartiersentwicklung und die dort lebenden Menschen.

Die Schritte zur Förderung der lokalen Ökonomie führen häufig dazu, dass sich neue Gewerbetreibende in den Programmgebieten ansiedeln. Durch die Verbesserung der Infrastruktur, der Wohnqualität und des Zusammenlebens gibt es wieder eine positive Stimmung im Quartier, die zu Investitionen reizt.

Natürlich muss ich zugeben, dass wir in manchen Programmstädten schwierigere Rahmenbedingungen haben als in Düsseldorf. Einige der Programmstadtteile haben zum Teil seit ihrer Erbauung eine feste Funktion als Zuzugsquartiere. Das bedeutet, wer neu in die Stadt kommt, zieht zunächst in diese Stadtteile, um später – wenn Job und Einkommen stimmen – in ein anderes Quartier umzuziehen. Solche Stadtteile erfüllen eine wichtige Funktion für die Integration von Zuwanderern in unseren Städten. Sie bilden Eingangstore in unsere Gesellschaft. Sie sind die erste Basis für eine angestrebte berufliche und familiäre Weiterentwicklung, was dann häufig mit einem Umzug verbunden ist. Die leere Wohnung wird aber schnell von weiteren „Neuankömmlingen" bezogen. Das bedeutet, dass die Fortentwicklung solcher Quartiere eine langfristige, wenn nicht gar Daueraufgabe ist. Denn Integrationsarbeit ist dort immer zu leisten – allerdings mit einem Interventionsgrad auf relativ niedrigem Niveau.

Ein erfolgreiches Programm bleibt erfolgreich, wenn es veränderten Rahmenbedingungen angepasst und laufend weiterentwickelt wird. Ein Punkt, bei dem wir uns mehr anstrengen müssen, ist die Kommunikation. Gerade in den kommunalen Räten wird das Programm oft als Sozialprogramm missverstanden. Dass es sich bei der Sozialen Stadt um ein Investitionsprogramm der Städtebauförderung handelt, ist vielen in der Kommunalpolitik nicht bewusst. Da sie die weitere Stigmatisierung der Quartiere fürchten, erwägen sie eine Förderung erst gar nicht. Ich bin mir nicht sicher, ob der Name „Soziale Stadt" die vielen Möglichkeiten des Programms korrekt wiedergibt. Vielleicht kann ein kluger Kopf einmal darüber nachdenken, wie man die Philosophie hinter diesem Programm besser benennt.

Dass die in den Gebieten der Sozialen Stadt durchgeführten Maßnahmen auch Strukturpolitik im Sinne der EU sind, hat die Europäische Kommission mit der EFRE-Verordnung bestätigt. Wir werden in der Förderperiode 2007 bis 2013 in Nordrhein-Westfalen voraussichtlich rund 152 Millionen Euro Strukturfondsmittel der EU zusätzlich für die Soziale Stadt und den Stadtumbau einsetzen können. Darüber hinaus brauchen wir private Investitionen. Vor allem die Wohnungswirtschaft muss in der integrierten Stadterneuerung unser Partner sein und gemeinsam mit uns in die Quartiersentwicklung investieren.

Minister Tiefensee hat es für den Bund und ich für die Länder angekündigt: Das Programm wird weitergehen. In dem Sinne kann ich sagen: Es gibt eine Zukunft für die Soziale Stadt und die damit verbundenen Ideen. Und es gibt eine große Zukunft für den integrativen Ansatz und die Zusammenarbeit aller Akteure mit den Bewohnern der Quartiere. Deshalb darf ich Sie alle dazu auffordern, mit Ihrem vielfältigen Engagement und Ihrem Ideenreichtum an der Fortführung des Programms mitzuwirken und mit Herzblut dabei zu bleiben. Die Menschen in den Quartieren der Sozialen Stadt werden es Ihnen danken – und sie stehen schließlich im Fokus all unserer Überlegungen.

Lutz Lienenkämper,
Wolfgang Tiefensee,
Franz Müntefering,
Engelbert Lütke-Daldrup

Foto: Bernhardt Link

Bilanz –
Beispiele und Erfahrungen aus der Praxis

Handlungsfeld Wohnen:
„Wohnen in der Sozialen Stadt" – Nürnberg-Nordostbahnhof

Wohnungsbestand und Wohnumfeld eines Quartiers wurden modernisiert und aufgewertet

In der Nürnberger Siedlung Nordostbahnhof wurden durch baulich-investive Maßnahmen eine nachhaltige Verbesserung des Wohnungsbestands und eine Aufwertung des Wohnumfelds erreicht.

Die Siedlung Nordostbahnhof entstand in den 1930er Jahren und war jahrzehntelang eine gutbürgerliche Arbeitersiedlung. Rund 4 000 Menschen leben hier, etwa ein Viertel davon Zuwanderer. Eigentümerin fast aller Wohngebäude ist das kommunalverbundene Immobilienunternehmen WBG Nürnberg GmbH.

Seit Anfang der 1990er Jahre entwickelte sich der Stadtteil zu einem benachteiligten Quartier. Entscheidende Hilfe kam im Jahr 1999, als die Siedlung Stadterneuerungsgebiet und Programmgebiet der Sozialen Stadt wurde. Im Mittelpunkt stand zunächst die Modernisierung des Wohnungsbestands. Bis heute wurden im Quartier rund 75 Millionen Euro in Modernisierungs-, Umbau- und Neubaumaßnahmen investiert. Parallel erfolgten eine Aufwertung und bessere Nutzbarmachung der öffentlichen Freiflächen und des Schulgeländes. Weiterhin wurde die Zahl der kleinen Wohnungen verringert und nachfragegerechter Wohnraum für Familien geschaffen. Neuerungen wie die Bildung von Wohneigentum, freifinanzierter Wohnungsbau und die Umstellung der Wohnungsbauförderung führten zu vielseitigeren Belegungsstrukturen.

Diese Maßnahmen haben in Verbindung mit sozialen, kulturellen und beschäftigungsorientierten Projekten unter intensiver Einbindung der Bevölkerung im Quartier zu einer spürbaren Verbesserung der Situation am Nordostbahnhof geführt. Die Siedlung wird zunehmend wieder zu einer begehrten Adresse.

Foto: Hajo Dietz

Foto: Bernhardt Link

Programmgebiet:
Nordostbahnhof, Nürnberg (Bayern)

Aufnahme in das Programm:
1999

Fördervolumen Soziale Stadt bis 2008:
rund 5,3 Mio. Euro, davon rund 1,5 Mio. Euro Bundesmittel

Kontakt:
Hans-Joachim Schlößl, Amt für Wohnen und Stadtentwicklung
Hans-Joachim.Schloessl@stadt.nuernberg.de

Projektvorstellung

Hans-Joachim Schlößl, Leiter des Amtes für Wohnen und Stadtentwicklung

Bereits 1980 positionierte sich die Stadt Nürnberg mit dem Gedanken einer bewohnerorientierten Stadterneuerung. Davor war Stadtsanierung bei uns im Vermessungsamt organisiert, und Bodenordnung stand noch im Vordergrund. Man sieht also, wie sich inzwischen das Gedankenspiel verändert hat. Wenn ich zurückdenke – gerade an die ökologische Stadtsanierung –, finde ich vieles, was wir damals formuliert haben, im Bereich der Sozialen Stadt wieder. Der Name unseres Amtes Wohnen und Stadtentwicklung ist also Programm.

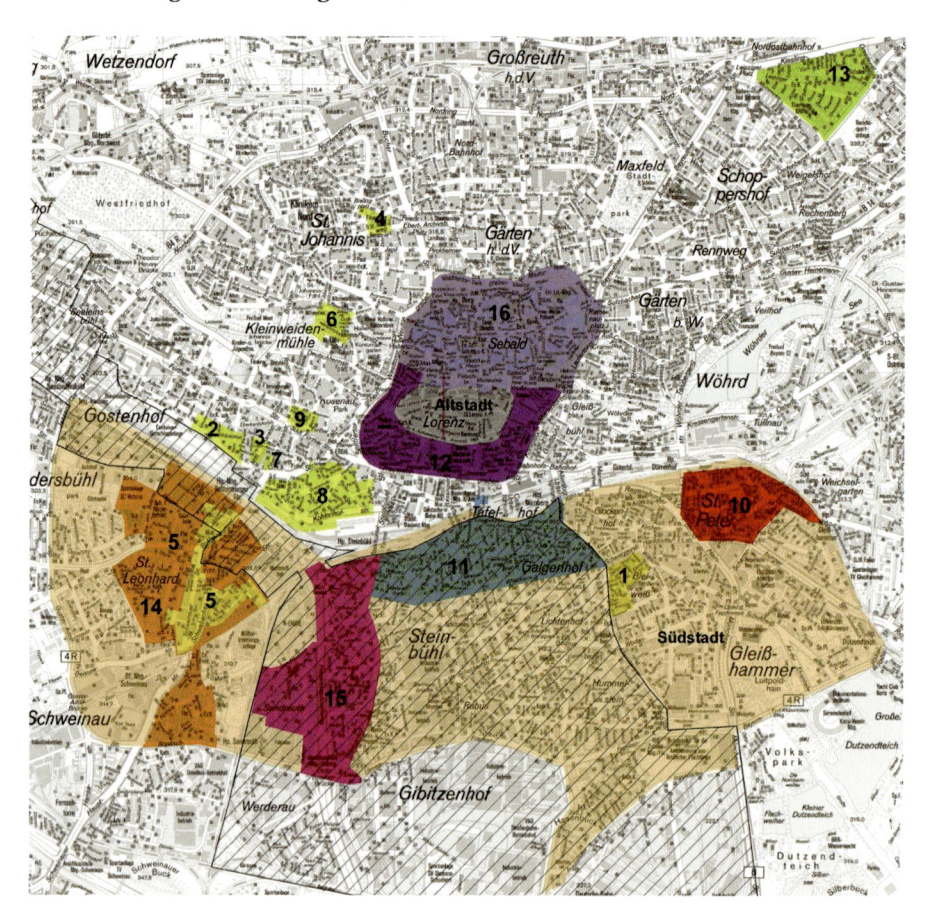

1	Bleiweißviertel
2	Gostenhof-West
3	Jamnitzer Park
4	Kirchenweg/ Rieter
5	St. Leonhard
6	Kleinweidenmühle
7	Obere Kanalstraße
8	Gostenhof-Ost
9	Kieselbergstraße
10	Gleißhammer/ St. Peter
11	Galgenhof/ Steinbühl
12	Altstadt-Süd
13	Siedlung Nordostbahnhof
14	St. Leonhard/ Schweinau
15	Steinbühl-West/ Sandreuth
16	Altstadt-Nord
	Südstadt

Quelle: Amt für Wohnen und Stadtentwicklung, Nürnberg

In Nürnberg haben wir ein deutliches Nord-Süd-Gefälle: Die in der Karte dargestellten gelben Felder stehen für bereits abgeschlossene Programmdurchführungen. Man kann erkennen, dass es hier zu einer deutlichen Erweiterung gekommen ist, was die Bedeutung des stadtentwicklungspolitischen Ansatzes spiegelt. Es geht heute nicht mehr um kleine „Inseln" der Stadterneuerung, sondern um große Gebiete. Für das Gebiet im Süden mit 100 000 Einwohnern stellte sich die Frage, wie es stadtentwicklungspolitisch neu aufgestellt, neu organisiert werden kann.

Dies soll für vier Teilgebiete schlaglichtartig gezeigt werden:

Das Gebiet „Soziale Stadt Altstadt-Süd" weist nicht nur Geschäfte und Wohnungen auf, wir haben hier auch Drogenprobleme, Obdachlose – was zu einer Großstadt gehört –, und wir haben eine Ecke, wo Prostitution erlaubt ist. Weil sich die Animierbetriebe ausgeweitet hatten, wollte niemand mehr dort wohnen, was unter anderem zu Verfallserscheinungen in der Gebäudesubstanz führte. Zuerst haben wir Leben und Arbeit der Frauen dort besser organisiert und sicherer gemacht, und jetzt sind wir dabei, die Häuser wieder Stück für Stück bewohnbar zu machen. Das Thema lautet also „Wohnen neu etablieren".

Ein anderes Gebiet ist die „Südstadt Galgenhof-Steinbühl". Das Bild unten zeigt das auf einer Brachfläche errichtete Gebäude einer neu gegründeten Genossenschaft mit dem bezeichnenden Titel „Anders wohnen". Hier ziehen seit Mitte Mai 2009 ältere Menschen und Alleinerziehende zusammen, um anders zu wohnen; einen Kindergarten gibt es auch im Haus. Wir wollen also in unserem Besitz befindliche Brachflächen wieder mit engagierten Wohnprojekten füllen. Thema hier ist also „Brachflächen und neue Wohnformen zusammenbringen".

Quelle: Amt für Wohnen und Stadtentwicklung, Nürnberg

Das Gebiet „Südstadt St. Leonhard/Schweinau" wurde erst 2008 in die Förderung aufgenommen. Hier hat die WBG Nürnberg Gruppe, ein Wohnungsbauunternehmen, gleich zu Beginn der Maßnahmenumsetzung – und das finde ich ganz wichtig – Wohngebäude saniert. Sie wurden nicht nur umgebaut, sondern es wurde auch angebaut, aufgestockt und vor allem die Substanz in einen vorbildlichen energetischen Zustand

„Wohnen in der Sozialen Stadt" – Nürnberg-Nordostbahnhof

Foto: Hajo Dietz

Fotos: Bernhardt Link

gebracht. „Wohnungen erneuern und energetisch für die Zukunft sichern" ist hier das Thema.

Das letzte Beispiel ist die „Siedlung Nordostbahnhof", die seit Beginn der Stadterneuerung dabei ist und kurz vor dem Maßnahmenende steht – wir wollen auch den qualifizierten Ausstieg üben. Die „Siedlung Nordostbahnhof" umfasst rund 2 500 Wohnungen, die alle in den 1920er, 1930er, teilweise auch noch in den 1950er Jahren entstanden sind. Alle sind mehr oder weniger gleich und damit auch allesamt sehr klein. Hier geht es uns darum umzubauen. Dazu haben wir gemeinsam mit der WBG Nürnberg Gruppe ein strategisches Konzept entwickelt, wonach die Wohnungen in unterschiedlicher Weise saniert werden: Manche werden nur modernisiert, manche werden umgebaut. Dadurch konnten wir eine Angebotsvielfalt erreichen, die Menschen unterschiedlicher Einkommensgruppen und

Fotos: Bernhardt Link

unterschiedlicher Herkunft anspricht. Sie können dort zur Miete, im Eigentum, aber auch in Wohngruppen leben. „Wohnen dem demografischen Wandel anpassen" lautet hier das Thema.

Unser Ziel ist es, dass die Menschen sich in ihren Quartieren wohl fühlen und bisher benachteiligte Gebiete wieder als Wohnstandorte begehrt werden. Die Aufgabe der Stadt ist es heute – so hat es unser Oberbürgermeister formuliert –, das Zusammenleben der Menschen zu organisieren. Dies ist auch die Zielvorgabe bei uns in der Sozialen Stadt und in der Stadtsanierung.

Ich möchte noch etwas aus Sicht der Kommunen bemerken: Wir vor Ort organisieren das Thema Soziale Stadt. Wir sind für den Erfolg und den Misserfolg zuständig, und wir – denke ich – tragen mit Finanzmitteln, mit Personal und mit guten Ideen den größten Teil zum Gelingen dieses Programms bei. Ich meine daher, dass wir nach wie vor einen „Schutzschirm" in Form des Programms Soziale Stadt benötigen, der uns das Weiterarbeiten auch in der Zukunft ermöglicht.

"Wohnen in der Sozialen Stadt" – Nürnberg-Nordostbahnhof

Diskussionsrunde

Hans-Joachim Schlößl, Leiter des Amtes für Wohnen und Stadtentwicklung

Stefan Boos, Quartiermanagement Nordostbahnhof

Dieter Barth, WBG Nürnberg Gruppe

Stefan Boos, Hans-Joachim Schlößl, Carla Kniestedt, Dieter Barth

Foto: Gerhard Kassner

Carla Kniestedt:
Herr Barth, Sie vertreten die WBG Nürnberg Gruppe. Kann man sich für so ein Gebiet nur engagieren, wenn man dort selbst groß geworden ist?

Dieter Barth:
Es erleichtert es natürlich, wenn man dort aufgewachsen ist, weil man ein Bild vor Augen hat, was man erreichen will: „Es soll wieder so schön werden, wie es in meiner Kinderzeit dort gewesen ist." Wir haben zur damaligen Zeit sehr komfortabel gewohnt, aus der heutigen Zeit gesehen jedoch sehr bescheiden. Die Erneuerungsmaßnahmen ermöglichen es, dass wir auch nach heutigen Maßstäben hier wieder komfortabel wohnen können. Es soll komfortabel werden für die Menschen, die dort wohnen wollen bzw. im Moment dort wohnen – und es soll bezahlbar bleiben.

Carla Kniestedt:
Nun sind Sie in einem Unternehmen, das Gutes tun sollte, aber auch rechnen muss. Passt das zusammen?

Dieter Barth:
Das passt sehr gut zusammen. Wir hatten 2 500 Wohnungen, die alle uns gehören, in einer sehr kompakten Wohnanlage mit allen sozialen Proble-

men, die dort auftreten können. Wir hatten einen Sozialarbeiter, der ausschließlich die Menschen in dieser Wohnanlage betreute. Wir hatten Leerstand, wir hatten hohe Fluktuation.

Nachdem wir dazu übergegangen sind, Geld in die Hand zu nehmen – wir haben seit Beginn der Sozialen Stadt 72 Millionen Euro dort investiert und sind noch nicht fertig –, können wir heute feststellen, dass wir ein einigermaßen stabilisiertes Wohngebiet haben, mit einer „annehmbaren" Fluktuation von etwa siebeneinhalb Prozent. Wir haben in den letzten zehn Jahren ein Wohnquartier geschaffen, aus dem man nicht nur nicht mehr wegziehen möchte, sondern wo man wieder hinziehen will. Wir konnten dort sogar die Möglichkeit des Eigentumerwerbs realisieren, indem wir Eigenheime für junge Familien gebaut haben. Die waren schneller verkauft, als wir sie bauen konnten. Das heißt, es hat sich für uns gelohnt, Geld in die Hand zu nehmen für diesen Stadtteil, um ihn wieder wohnens- und damit auch begehrenswert zu machen, und das stellt sich für uns auch wirtschaftlich positiv dar.

Carla Kniestedt:
Herr Boos, Sie sind der Quartiermanager.

Stefan Boos:
Wir nennen das im Stadtteil nicht Quartiermanagement. Wir betreiben ein Stadtteilbüro und machen Netzwerkarbeit und sind Ansprechpartner für die Menschen und die Institutionen im Stadtteil. Mit dem Begriff Quartiermanagement können die Menschen vor Ort oft überhaupt nichts anfangen.

Carla Kniestedt:
Können Sie sich noch an Ihre ersten Tage und Wochen erinnern, als Sie in die Siedlung „Nordostbahnhof" kamen? Wie sind Sie aufgenommen worden – auch von der WBG?

Stefan Boos:
Herr Barth war – würde ich sagen – sehr neugierig, was da in seinem Stadtteil alles passiert. Er hat zunächst beobachtet, was wir hier so alles treiben wollen. Wir haben relativ schnell einen sehr regen Kontakt gehabt und konnten uns – das ist der Vorteil, wenn man es nur mit einem einzelnen Eigentümer zu tun hat – sehr schnell über Strategien abstimmen und das Prinzip der „kurzen Wege" verfolgen: Abstimmung von Veranstaltungen, Mieterberatung sowie von baulichen, lokalökonomischen, sozialen und kulturellen Projekten. Wir können „Hand in Hand" und damit integriert arbeiten.

Carla Kniestedt:
Sind die Bewohnerinnen und Bewohner nicht zu Beginn der Maßnahme völlig verängstigt und aufgeregt zu Ihnen gekommen und haben gesagt: „Wir werden hier vertrieben!"?

Stefan Boos:
Nein, das ist nicht vorgekommen. Diese Befürchtung gab es zwar, aber die WBG hatte von vornherein ein Augenmerk darauf, dass nicht durchsaniert wird, sondern es auch Gebäude mit einem Mietniveau gibt, durch welches die Menschen nicht vertrieben werden und die angestrebte soziale Durchmischung ermöglicht wird.

Carla Kniestedt:
In welcher Form werden die Bürgerinnen und Bürger einbezogen?

Stefan Boos:
Die WBG und das Amt für Wohnen und Stadtentwicklung sind direkt in die Bürgerbeteiligungsprozesse eingebunden, denn es hat wenig Sinn, im „luftleeren Raum" Beteiligung zu praktizieren und ein „Wunschkonzert" zu veranstalten, das nachher nicht umsetzbar ist. Das Ziel von Bürgerbeteiligung bei unserem Ansatz ist es, alle Prozessbeteiligten an einen Tisch zu bekommen – die politisch und verwaltungstechnisch Verantwortlichen, aber auch die Menschen vor Ort, das heißt Bewohner und „Profis".

Ganz wichtig sind Multiplikatoren, die wissen, was gebraucht, was gewollt wird in diesem Stadtteil. Diese Menschen werden wesentlich länger in der Siedlung bleiben als das Programm Soziale Stadt und müssen im Endeffekt das einmal Begonnene weiterleben.

Carla Kniestedt:
Jeder Bürger hat doch im Grunde andere Interessen, die unterscheiden sich doch...

Dieter Barth:
Genau das ist unser Job hier – größtmögliche Transparenz herstellen; auch unter der Frage, was machbar ist. Bei konkurrierenden Interessenlagen müssen wir moderieren und zu einem größtmöglichen gemeinsamen Nenner kommen. Es ist auch unsere Aufgabe, der „Stadtteiloma" zu erklären, dass das Bewegungs- und Lärmbedürfnis von Kindern gleichzusetzen ist mit dem Ruhebedürfnis der Erwachsenen. Wir schaffen ja extra Wohnungen für Familien, indem wir kleine zusammenlegen zu großen, und dann kann es nicht sein, dass wir uns gegen Kinder stellen – das kommuni-

zieren wir auch. Ich glaube, dass Dinge schneller vorangebracht werden können, wenn wir auch zu heiklen Themen Stellung beziehen und Beteiligung nicht immer so ausschaut, dass man jedem nach dem Mund redet, sondern auch mal sagt: „Da müsst Ihr Euch jetzt mit uns auseinandersetzen, weil wir glauben, dass dies ein Stück weit für die Gesellschaft, die wir bilden wollen, richtig ist."

Carla Kniestedt:
Ziel soll es ja auch sein, wieder eine heterogene Bevölkerungsstruktur zu schaffen, was allerdings vielerorts inzwischen gar nicht gelingt. Das wird allerorten beklagt, gerade in großen Städten. Man hält es zwar für sinnvoll, kann es aber nicht erreichen. Gelingt es Ihnen?

Stefan Boos:
Ich glaube, da muss man ein bisschen umdenken. Zu sagen, wir wollen unbedingt Durchmischung, ist – glaube ich – eine Strategie von gestern. Wir verfolgen die Strategie, auch „Durchzugsquartiere" als notwendig zu akzeptieren. Es geht darum, sich um diese Quartiere zu kümmern, sie nicht verkümmern zu lassen; das ist, glaube ich, das Wichtige. Zu sagen: „Wir sind da als Stadtpolitik!" und auf das Idealbild der Mischung zu verzichten. Es gibt ja dieses Schlagwort „Integration trotz Segregation". Ich glaube, das ist für uns etwas geworden, wonach wir handeln. Ich kann diese Quoten gar nicht mehr hören: „Ausländeranteil = Soziale Stadt" oder „Arbeitslosigkeit = Soziale Stadt". Ich glaube, wir müssen viel differenzierter denken. Es gibt auch Mischungen, so wie wir sie hier haben, die wir nicht verhindern oder umbiegen müssen, sondern wir müssen damit umgehen, Frieden schaffen vor Ort, das Zusammenleben organisieren.

Carla Kniestedt:
Aber auch Sie sind erst durch die überdurchschnittliche Zahl an Sozialhilfeempfängern in eben jenem Stadtgebiet aufmerksam geworden. Die sehr einseitige Struktur war also offenbar ein wichtiges Kriterium.

Stefan Boos:
Wir beobachten natürlich Entwicklungen, um die wir uns kümmern müssen. Gerade am Nordostbahnhof mit dem großen Einzeleigentümer ist es uns allerdings gelungen, so etwas wie eine Veränderung der Bevölkerungsstruktur zu schaffen, was in Gebieten wie der Südstadt mit 20 000 Einwohnern und 1 000 Einzeleigentümern mit ihren Individualinteressen gar nicht möglich wäre.

Carla Kniestedt:
Wenn Sie einen Wunsch frei hätten für die nächsten Jahre, was wäre dies?

Stefan Boos:
Mein größter Wunsch wäre, dass integriertes Handeln, was hier auf kommunaler und Stadtteilebene schon sehr gut funktioniert, auch auf ministerieller Ebene ankommt, weil wir zunehmend Schwierigkeiten haben, nicht-investive Maßnahmen zu finanzieren und umzusetzen. Die Begründung unseres Bayerischen Innenministeriums lautet: „Warum sollen wir in Bereichen, die Kernaufgaben anderer Ministerien sind, in Vorleistung gehen?" Ich denke, wenn eine bessere Abstimmung zwischen verschiedenen Landesressorts, eine insgesamt bessere finanzielle Ausstattung sowie die finanzielle Beteiligung auch anderer Ministerien im Rahmen dieses Programms möglich wären, hätten wir diese Diskussion nicht.

Hans-Joachim Schlößl:
Mein Wunsch wäre, zu erkennen, dass uns vor Ort nicht Programme, Teilprogramme und noch ein Programm helfen, sondern dass die Stadtpolitik, die Stadtentwicklungspolitik Unterstützung aus der Städtebauförderung benötigt. Fragen wie „Passt jetzt der Stadtteil in die Soziale Stadt, oder brauche ich den Stadtumbau West, oder brauche ich ein aktives Stadt- und Ortsteilzentrum oder morgen den städtebaulichen Denkmalschutz?" sollte man den Kommunen ersparen. Die Problemlagen vor Ort sind definiert. Ich denke, gerade im Prozess der Nationalen Stadtentwicklungspolitik, in dem wir uns intensiv mit dem Bund auseinandersetzen, wird es darum gehen, dies neu zu bedenken.

Dieter Barth:
Ich schaue auf das Quartier, und da wünsche ich mir, dass es uns gelingt, die hier aufgebauten Strukturen auch nach Ende der Förderung durch das Programm Soziale Stadt einigermaßen zu erhalten – zum Wohle der Menschen, die bei uns wohnen!

Handlungsfeld Bildung: „Lokaler Bildungsverbund Reuterquartier" – Berlin-Neukölln

Lokaler Bildungsverbund fördert Schulkarrieren

Der „Lokale Bildungsverbund Reuterquartier" im Berliner Bezirk Neukölln verbessert die Bildungschancen und fördert die Integration von Kindern und Jugendlichen im Quartier Reuterplatz.

Die sechs Schulen im Altbauquartier Reuterplatz werden vor allem von Kindern und Jugendlichen aus einkommensschwachen und bildungsfernen Haushalten mit Migrationshintergrund besucht. Schwierige Entwicklungsvoraussetzungen und fehlende Sprachkompetenz beschränken ihre Bildungschancen.

Um Lösungen anzubieten, wurde seit Beginn des Quartiersmanagements im Jahr 2002 zunächst die bauliche Situation in den Schulen verbessert. Im Jahr 2005 wurde ergänzend das Strategiekonzept „Auf dem Weg zur Kiezschule" entwickelt, das Maßnahmen in den Bereichen Elternarbeit, Sprachförderung, Berufsorientierung, Gewaltprävention, Gesundheit und Freizeit an den Schulen vorsieht. Herzstück ist das Modellprojekt „Interkulturelle Moderation", bei dem zweisprachige Sozialarbeiter zwischen Schule, Lehrer-, Eltern- und Schülerschaft vermitteln. Wegen des Erfolgs wird dieses zunächst aus Mitteln der Sozialen Stadt geförderte Projekt seit 2008 durch die Senatsbildungsverwaltung finanziert.

Durch die Kooperation der lokalen Akteure und die Unterstützung von Stiftungen ist inzwischen eine Bildungslandschaft entstanden, mit dem „Campus Rütli – CR^2" und „Ein Quadratkilometer Bildung" als zentralen Vorhaben.

Das Strategiekonzept war Initialzündung für den im Jahr 2007 gegründeten „Lokalen Bildungsverbund Reuterquartier", einen Zusammenschluss aller im Gebiet tätigen Bildungseinrichtungen, Migrantenvereine, Elterninitiativen sowie dem Quartiersmanagement, dem Bezirksamt und den zuständigen Senatsverwaltungen. Seit Januar 2008 wird der Verbund durch eine Koordinationsstelle unterstützt – gefördert durch das Programm Soziale Stadt und den Deutschen Paritätischen Wohlfahrtsverband.

Foto: Quartiersbüro Reuterplatz

Foto: Stefanie Pfau

Programmgebiet:
Quartier Reuterplatz, Bezirk Neukölln (Berlin)

Aufnahme in das Programm:
2001

Fördervolumen Soziale Stadt bis 2008:
rund 6,3 Mio. Euro, davon rund 2,1 Mio. Euro Bundesmittel

Kontakt:
Luzia Weber, Ilse Wolter, Pinar Öztürk, Quartiersbüro
info-reuter@quartiersmanagement.de
www.reuter-quartier.de

Projektvorstellung
Luzia Weber, Quartiersmanagement Reuterplatz

Das Programmgebiet Reuterplatz in Berlin-Neukölln umfasst 70 Hektar, ist also insgesamt relativ groß. Wir liegen im äußersten Norden von Neukölln, an der Grenze zu Kreuzberg und Treptow. Das Gebiet ist ein dicht bebautes Altbauquartier der Gründerzeit, das von Mischnutzung geprägt ist; hier liegen Wohnen und Gewerbe sehr dicht beieinander. Die Eigentümerstruktur ist sehr kleinteilig – fast jedes Grundstück hat einen anderen Eigentümer.

Zurzeit leben etwa 19 000 Personen im Quartier. Etwa die Hälfte davon sind migrantischer Herkunft. Das ganze Quartier ist von Arbeitslosigkeit und Armut geprägt. Dies bestimmt natürlich das Leben der Bewohner, insbesondere der Kinder und Jugendlichen, ihren Alltag und ihre Lebenschancen. Die Arbeitslosenquote ist mit etwa 30 Prozent doppelt so hoch wie im Berliner Durchschnitt. Mehr als 65 Prozent der Kinder leben in Familien, die Leistungen zur Existenzsicherung beziehen. In vielen Schulklassen sind alle Kinder aufgrund der Einkommenssituation ihrer Eltern von den Lehrmittelzuzahlungen befreit. Häufig arbeiten die Eltern zwar, verdienen allerdings nur wenig.

Entwicklungsrückstände, mangelnde Sprachkompetenz, oft gesundheitliche Probleme führen zu Schulversagen und dem Fehlen von Bildungsabschlüssen. So verlassen etwa 70 Prozent der Schüler im Quartier ihre Schule ohne einen Abschluss oder lediglich mit einem Hauptschulabschluss. Nur die Hälfte der Kinder, die im Gebiet aufwachsen, besucht unsere lokalen Schulen.

Trommelgruppe der Franz-Schubert-Schule (Berlin-Neukölln, Reuterquartier)

Foto: Gerhard Kassner

Fotos: Bernhardt Link

Wir haben festgestellt, dass gerade bildungsorientierte Eltern – und das betrifft sowohl deutsche als auch nichtdeutsche Personen – zum Zeitpunkt des Schuleintritts ihrer Kinder das Gebiet verlassen oder Möglichkeiten finden, sich umzumelden. In den Schulen des Quartiers bleiben vor allem Kinder mit nur wenig bildungsorientierten Eltern zurück – in 80 bis über 90 Prozent der Fälle sind sie nichtdeutscher Herkunft.

Seitdem wir im Februar 2003 die Arbeit im Quartier begonnen haben, arbeiten wir mit allen (Bildungs-)Akteuren im Quartier an der Verbesserung dieser Situation. Zentrale Kooperationspartner sind sechs Schulen, die entweder direkt im Gebiet liegen oder mit ihren Grundschuleinzugsbereichen in das Quartier hineinreichen.

Über das Programm Soziale Stadt haben wir zunächst mit vielen investiven Maßnahmen begonnen: klassische Schulhofgestaltung, Gestaltung von PC-Räumen, Investitionen in die Schulgebäude. Wir haben aber auch rela-

Fotos: Neuköllner Umwelt- und Sozialforum e.V.

tiv bald mit so genannten soziokulturellen Maßnahmen begonnen, was für uns den Einstieg in die Zusammenarbeit mit den Schulen bedeutete. Einen ersten wichtigen Zwischenschritt machten wir 2005, als wir mit den sechs lokalen Schulen unter Einbindung der Schulverwaltung das Strategiekonzept „Auf dem Weg zur Kiezschule" erarbeiteten. Zunächst ging es uns darum, die Schulen für das Quartier, für das Gemeinwesen zu öffnen. Entsprechende Projekte wurden von einem eigens eingerichteten Gremium, der „Schulsteuerungsrunde", begleitet und evaluiert: Elternarbeit, Sprachförderung, Berufsorientierung, Gesundheit, Sport, Bewegung und immer wieder Gewaltprävention. Diese Projekte haben wir bei Bedarf fortgeschrieben und in diesen Bereich insgesamt 1,5 Millionen Euro aus der Sozialen Stadt investiert.

Wichtig und sehr erfolgreich ist das Modellvorhaben „Interkulturelle Moderation". Dabei werden muttersprachliche Sozialarbeiter als Vermittler zwischen Schülern, Eltern und Lehrern eingesetzt, die auch Brücken zwischen den Kulturen bauen sollen. Gleichzeitig mit dem Projektstart gelangte der „Brandbrief" der Lehrer der Rütli-Schule, die sich in unserem Quartier befindet, an die Öffentlichkeit, so dass mit dem ersten Arbeitstag des ersten Interkulturellen Moderators eine große mediale Aufmerksamkeit bestand.

Über die Projekte und unsere Vernetzungsarbeit wurden außer den Schulen viele Akteure im Quartier und in der Verwaltung angesprochen. Dazu gehören die Freien Träger, die Polizei, die Kindertagesstätten, Migrantenvereine, vor allem aber auch interessierte Bewohner, die beispielsweise im Rahmen einer AG Bildung die Projekte unterstützen, sie aber auch kritisch verfolgen – sie sollen nicht nur mitreden, sondern auch mitentscheiden.

Mit den lokalen Akteuren und Vertretern aus Politik und Verwaltung gründeten wir im Jahr 2007 den „Lokalen Bildungsverbund Reuterquartier" mit dem Ziel, die Situation der Kinder und Jugendlichen zu verbessern. Die bisherige Schulsteuerungsrunde wurde um verschiedene Akteure zu einer Steuerungsrunde des Lokalen Bildungsverbundes erweitert, mit der wir vor kurzem sogar einen Kooperationsvertrag abgestimmt haben. Solche Gremien und Strukturen sind sehr wichtig, damit der Informationsfluss funktioniert und Legitimation, Transparenz sowie Beteiligung gewährleistet sind. Im vergangenen Jahr richteten wir mit dem Träger „Jugendwohnen im Kiez" eine Koordinationsstelle ein, die mit den Akteuren vor Ort den „Lokalen Aktionsplan Bildung" entwickeln soll. Diese Stelle wird zu gleichen Teilen aus Mitteln der Sozialen Stadt und des Deutschen Paritätischen Wohlfahrtsverbandes finanziert.

Mindestens ebenso wichtig ist es, Anlässe zu schaffen, zu denen man sich begegnen kann, sowie anhand konkreter Projekte zu sehen, dass sich etwas verändert, dass es vorangeht. Für uns ist zum Beispiel das jährliche Kiezfest des Lokalen Bildungsverbundes ein ganz wichtiges Projekt: Es ist ein Anlass, zu dem man sich treffen und austauschen kann. Projekte, die den Verbund stärken, haben bei uns inzwischen Vorrang in der Förderung – beispielsweise die Projekte „Schule im Wald – Sport und Bewegung im lokalen Bildungsverbund" sowie das an allen Schulen angesiedelte Kunstprojekt „Der rote Faden".

Die Entwicklungen im Quartier haben dazu geführt, dass der Bildungsbereich auch für neue Partner interessant wurde. So engagiert sich die Freudenberg-Stiftung mit dem Vorhaben „Ein Quadratkilometer Bildung" unter dem Motto „Kein Kind soll verloren gehen" mit den gleichen Zielsetzungen, wie wir sie haben. Die vor Ort eingerichtete Pädagogische Werkstatt kümmert sich vor allem um Qualitätsentwicklung. Der Erfolg von „Ein Quadratkilometer Bildung" hat dazu geführt, dass sich weitere Stiftungen und Private vor Ort engagieren.

Aus der Erkenntnis, dass ganz neue Ansätze im Bildungsbereich notwendig sind, wurde das Modellprojekt „Campus Rütli – CR^2" unter der Schirmherrschaft von Christina Rau ins Leben gerufen. Das Konzept sieht vor, einen neuen Sozialraum rund um eine Gemeinschaftsschule als Zentrum zu schaffen, in dem für Kinder und Jugendliche von ihrer Geburt bis zum Eintritt ins Berufsleben ein integriertes Angebot bereitgestellt werden soll. Dieses Projekt wird zwar nicht im Schwerpunkt aus der Sozialen Stadt finanziert, das Quartiersmanagement war jedoch die Voraussetzung für den Einsatz weiterer Mittel für erste Baumaßnahmen (Umbau der Mensa, Neubau einer Quartiershalle, Umbau von naturwissenschaftlichen Räumen etc.).

"Lokaler Bildungsverbund Reuterquartier" – Berlin-Neukölln

Der Lokale Bildungsverbund bildet den Rahmen für alle genannten Aktivitäten. Inzwischen ist damit eine Bildungslandschaft aus vielen ineinander greifenden Projekten und Initiativen entstanden, die miteinander kooperieren. Diese Vielfalt ist für die lokalen Akteure oft verwirrend und wird sogar manchmal als Belastung empfunden. Wir versuchen allerdings, mit Unterstützung des Koordinators des Lokalen Bildungsverbundes die Strukturen transparent zu halten und den Nutzen für Bewohner und Akteure herauszustellen. Insgesamt hat der Lokale Bildungsverbund rund 170 Mitglieder.

Diskussionsrunde

Zeliha Baba, Navitas gGmbH

Cordula Heckmann, Schulleitung Gemeinschaftsschule

Sabrina Kluge, Leiterin der Kindertagesstätte Reuterstraße

Dr. Josef Kohorst, Koordinator Lokaler Bildungsverbund

Kerstin Kühn, Umwelt- und Sozialforum e.V.

Luzia Weber, Quartiersmanagement Reuterplatz

Foto: Gerhard Kassner

Carla Kniestedt:
Es geht hier um Dutzende von Einrichtungen, Dutzende von Menschen, die sich in irgendeiner Form dem vielfältig beklagten „Bildungsnotstand"

zuwenden beziehungsweise dem, was daraus wird, wenn man sich nicht rechtzeitig mit dem Thema beschäftigt. Frau Kluge: Sie haben es mit den Kleinsten zu tun, die in irgendeine Art von Kinderbetreuungseinrichtung gehen. Hat sich nach Ihrer Wahrnehmung in den Jahren, in denen es den Bildungsverbund gibt, etwas zum Positiven verändert, und wenn ja, was?

Sabrina Kluge:
Es ist mir sehr wichtig, in den Vordergrund zu rücken, dass Bildung bereits in den Kindertagesstätten beginnt. Sie sind auch Begegnungsstätten – nie wieder werden Sie vor Ort ganze Familien, Nachbarschaften, Tanten, Verwandte, Bekannte persönlich kennenlernen. Ich appelliere dafür, dass mehr Aufmerksamkeit auf die Kindertagesstätten gelenkt wird, denn hier hat man bei den Kindern Entwicklungspotenziale, die es im Schulalter in dem Maße nicht mehr gibt.

Die Kinder, die – wie gesagt – zu 90 Prozent nichtdeutscher Herkunft sind, haben durch den Bildungsverbund einen immensen Entwicklungsschub erhalten. Dabei spielen vor allem die Übergänge aus der Familie in die Kindertagesstätte und später von der Kita in die Schule eine große Rolle. Und wenn wir noch weiter gehen, dann geht es ja nicht nur um Kinder. Nur in Zusammenarbeit mit den Kindern und ihren Eltern können wir etwas erreichen – für sie sind wir Jobvermittler, Rechtsberatung und Krisenvermittler. Wir werden mit allen Problemen und Themen vor Ort aufgesucht.

Nicht jeder Mensch kann und möchte in diesen Gebieten arbeiten; es gibt kein Handbuch „Wie verhalte ich mich richtig?". Das muss man jeden Tag neu lernen. Aber man hat es mit Menschen zu tun, die tagtäglich erkennen: „Da sind Menschen, die es ehrlich mit mir meinen" – auch, wenn man sich nur mit Händen und Füßen verständigt. Es ist eine Haltungsfrage, und es ist ein schönes Arbeiten!

Carla Kniestedt:
Frau Baba, Navitas ist der Kieztreff der Migrantenvereine: Haben Sie mit Ihrer Arbeit auch dazu beitragen können, dass erkannt wird, wie wichtig Bildung für Kinder ist?

Zeliha Baba:
Das auf jeden Fall. Gerade die Migrantenvereine arbeiten auch im Bildungsbereich, bieten Informationsveranstaltungen in ihrem Kiez an. Sie sind auch jederzeit bereit, mit allen möglichen Organisationen zusammenzuarbeiten.

Carla Kniestedt:
Aber wie kommen Sie an die Leute heran? Häufig kapseln sich Menschen mit Migrationshintergrund ab und leben in ihren Traditionen, so dass es sehr schwierig ist, sie zu überzeugen: „Bring mal Dein Kind in den Kindergarten! Dort lernt es die Sprache, dort ist es unter anderen Kindern." Was machen Sie da?

Zeliha Baba:
Da ich selbst einen Migrationshintergrund habe, ist es für mich eher leicht, diese Leute zu erreichen. Ich weiß, wie man mit ihnen umgeht, auch weil ich den traditionellen Hintergrund kenne.

Carla Kniestedt:
Was müssen Sie anders machen, wenn Sie Mütter vor sich haben, die sagen „Bei mir zu Hause ist alles besser!"?

Zeliha Baba:
Die Problemlagen in diesen Familien sind ganz andere. Aber auch solche Familien wollen nur das Beste für ihr Kind, wissen jedoch häufig nicht, woher sie Informationen über Angebote wie Kindergärten bekommen. Ich bin „Wegbegleiterin" und versuche, solche Informationen zu vermitteln. Oder ich finde Beratungsstellen, an die sie sich in ihrer eigenen Sprache wenden können.

Carla Kniestedt:
Frau Kühn, Umwelt- und Sozialforum e.V.: „Schule im Wald" – In Neukölln gibt es doch gar keinen Wald!?

Kerstin Kühn:
Dabei handelt es sich um ein Umweltbildungsprojekt im Rahmen der UN-Dekade „Bildung für nachhaltige Entwicklung". Uns geht es darum, dass Schülerinnen und Schüler eine Beziehung zur Umwelt aufbauen – 80 Prozent von ihnen hatten zu Projektbeginn noch nie einen Wald gesehen.

Ich arbeite mit drei Grundschulen aus dem Reuterkiez zusammen, von denen jeweils zwei Klassen zehn Mal im Jahr mit mir für einen Vormittag nach Köpenick in den Wald fahren. Dort geht es neben dem Kennenlernen der Natur vor allem um die Förderung der Sozialkompetenzen der Schülerinnen und Schüler. Dafür arbeiten wir naturerlebnispädagogisch, das heißt viel mit Interaktionsspielen, bei denen es darum geht, gemeinsam ein Ziel zu erreichen. Unterstützt werden wir von einem „Patenförs-

Luzia Weber, Cordula Heckmann, Kerstin Kühn, Sabrina Kluge, Carla Kniestedt, Zeliha Baba, Dr. Josef Kohorst

Foto: Gerhard Kassner

ter", der ihnen alles Mögliche zum Berufsbild des Försters zeigt und mit den Schülerinnen und Schülern im Bereich der Waldpflege arbeitet.

Ein weiterer Schwerpunkt des Projektes ist es, Lehrerinnen und Lehrern Skriptmaterial an die Hand zu geben, auf deren Basis sie selbstständig mit Schülerinnen und Schülern arbeiten können. Wir versuchen auch, Eltern mit „ins Boot" zu holen, indem sie als Begleitpersonen mit uns zusammen in den Wald gehen.

Es ist ein großer Wunsch der Kinder, immer wieder in den Wald zu gehen. Die wollen von mir genau die Wege beschrieben haben, wie man dort hinkommt. Wichtig ist auch, zu erreichen, dass die Eltern am Wochenende mit ihren Kindern in den Wald gehen. Das passiert leider überhaupt nicht.

Carla Kniestedt:
Ich erlebe Kinder und junge Leute, die möglicherweise schon ganz gerne mal ein bisschen „'rumbuddeln" – aber nach spätestens 20, 25 Minuten verlieren sie die Lust...

Kerstin Kühn:
Diese Arbeit trifft genau ins Herz, weil kindliche Bedürfnisse durch die Lebensweise in Neukölln nicht befriedigt werden. Im Wald können die Kinder rennen, spielen, kreativ sein. Sie können einfach miteinander spielen, und das ist etwas, was sie so begeistert, dass sie jedes Mal, wenn ich mit ihnen aus dem Wald komme, sagen: „Kerstin! Das war der schönste Tag meines Lebens". Sie sagen auch, sie wollen nicht nur einmal im Monat,

sondern immer wieder in den Wald – und sie sagen: „Mit Freunden ist es am schönsten!". Das Projekt läuft jetzt erst seit anderthalb Jahren. Ich habe einen Fragebogen entwickelt, in dem die Schüler angeben sollten, was ihnen an dem Projekt am wichtigsten gewesen ist. Es waren die Grundbedürfnisse: spielen und miteinander Abenteuer erleben oder auch beim Förster Stockbrot backen. Ebenfalls bereits nach einem Jahr wurde deutlich, dass durch das Projekt die Sozialkompetenzen der Schüler stark gefördert werden.

Die Arbeit im Bildungsverbund heißt: Ich kooperiere mit drei verschiedenen Grundschulen und deren Lehrern. Wir treffen uns regelmäßig zwei Mal im Jahr zu Auswertungsrunden, an denen häufig auch der Förster teilnimmt. Hier überlegen wir, was wir noch verbessern können, was verändert werden kann. Wenn ich in einer dritten Klasse nach den Jahreszeiten frage, kann kein Kind mit diesem Begriff etwas anfangen, und erst nachdem wir „Winter, Herbst" usw. aufgezählt haben, ist bei manchen „der Groschen gefallen". Wenn wir dann aber auf die Frage, in welcher Jahreszeit die Blätter an den Bäumen wachsen, keine Antwort erhalten, spiegelt dies das Niveau, mit dem wir es zu tun haben. Deshalb finde ich es auch so wichtig, was Frau Kluge gesagt hat: Bildung geht im Kindergarten los. Wir müssen sehen, dass wir die Kitas stärken, ganz kleine Gruppen einrichten, an den Schulen auch ganz kleine Klassen anstelle von jahrgangsübergreifendem Lernen – das kommt hier wenig an. Das sind alles Themen, die im Bildungsverbund angesprochen und weitergetragen werden.

Carla Kniestedt:
An welcher Stelle – ich formuliere jetzt absichtlich etwas drastisch – wäre es denn vielleicht angezeigt, dass Mama und Papa oder der große Bruder so etwas wie Frühling, Sommer, Herbst und Winter mit den Kindern erarbeiten? Und warum passiert dies nicht?

Frau Heckmann, Sie sind von der Schulleitung der Gemeinschaftsschule. Bei Ihnen sind die Kinder schon etwas älter – haben diese Kinder auch noch etwas von dem Bildungsverbund oder ist er schon „zu weit weg"?

Cordula Heckmann:
Aber nein! Er ist für uns gar nicht „weit weg". Da sind wir mittendrin. Gemeinschaftsschule umfasst die Klassen eins bis zehn, also haben wir auch definitiv mit dem Kindergarten zu tun. Wenn 70 Prozent unserer Schülerinnen und Schüler die Schule ohne Schulabschluss verlassen, kann man dies nicht anders bezeichnen als eine Katastrophe. Dem muss natürlich entgegengesteuert werden. Und ich glaube schon, wir können sagen,

dass gerade im Rahmen des Programms Soziale Stadt viele wichtige Dinge auf den Weg gebracht wurden, die genau in diese Richtung gehen.

Sie fragten nach der Rolle der Eltern. Es ist natürlich schwierig für uns in der Schule – sicherlich auch im Kindergarten –, sich mit den Eltern in der Weise zu unterhalten, dass unsere Botschaften auch immer verstanden werden und das System Schule und Bildung, wie wir es in Deutschland haben, verständlich wird. Interkulturelle Moderation trägt dazu bei, aber auch, dass wir angefangen haben, Schule und Bildung ganz früh zu vernetzen. Wenn uns ein bestimmter Anteil unserer Schüler, die noch fröhlich im Kindergarten ankamen – auch mit ihren Eltern –, auf dem Weg „nach oben" verloren geht, heißt das, zwischen Kindergarten und Schule wurde zu wenig gesprochen und der Bildungsauftrag des jeweils anderen ist nicht ernst genug genommen worden. Ich finde schon, der Bildungsverbund, den es ja erst seit wenigen Jahren gibt, ist in dieser Hinsicht deutlich spürbar. Für meinen Bereich – „Ein Quadratkilometer Bildung" – heißt es: Alle Kinder müssen zusammenbleiben, was bei uns die Gemeinschaftsschule und den Campus Rütli umfasst. Daraus entsteht nachbarschaftliches Engagement. Die Keimzelle lag im Programm Soziale Stadt.

Carla Kniestedt:
Herr Kohorst, ist das, was Sie sich da vorgenommen haben, überhaupt zu schaffen? Man kann ja Menschen nicht zwangsverpflichten, in ihrem Kiez zu bleiben. Wenn sich die Kleinen in der Kita gut entwickeln, ist es doch oft so, dass gerade diese Kinder mit ihren Eltern weggehen. Ist also Ihre Arbeit ein „Kampf gegen Windmühlenflügel"?

Dr. Josef Kohorst:
Das würde ich so nicht sagen und stehen lassen. Natürlich gibt es keine Erfolgsgarantien für den Weg, den man beschritten hat. Aber man kann ja den Weg deswegen an der Stelle nicht aufgeben. Wer zusammenarbeitet, kann sich gegenseitig Mut machen. Der bildungsbiografische Blick auf die Kinder, die Verantwortung für die Kinder von Null bis in den Beruf zu haben, gemeinsam zu schauen, an welchen Schnittstellen uns die Kinder „verloren gehen", wo die Förderkette abreißt, ist die Aufgabe, an der wir miteinander wachsen und für die wir gemeinsame Lösungen im Dialog finden müssen. Es ist schwer, aber es trägt auch dazu bei, dass das soziale Vertrauen wächst, was wiederum die gesamte Zusammenarbeit trägt und Eltern einbindet.

Carla Kniestedt
Jetzt dürfen Sie sich in einer Schnellrunde alle noch etwas wünschen; wir stellen uns vor, wir sind jetzt im Jahre 2015...

Luzia Weber:
Ich wünsche mir, dass der Bildungsverbund auf der lokalen Ebene wächst und gedeiht, und ich wünsche mir auf der übergeordneten Ebene, dass die Rahmenbedingungen geschaffen werden, die dafür nötig sind.

Cordula Heckmann:
Ich wünsche mir eine erfolgreiche Gemeinschaftsschule, in die Kinder von Klasse eins bis zehn oder gar 13 gehen. Und ich wünsche mir natürlich dafür ebenfalls die geeigneten Rahmenbedingungen, die auch im Blick haben, dass wir im „sozialen Brennpunkt" sind.

Kerstin Kühn:
Ich wünsche mir eine stärkere Förderung des frühkindlichen Bereiches, aber in Vernetzung mit der Schule.

Sabrina Kluge:
Ich wünsche mir fachliche Unterstützung in Form von Sozialarbeitern für Kindertagesstätten, um Belange der Eltern aufgreifen und sie in die Kindertagesstätte einfließen lassen zu können, so dass diese wirklich als Begegnungsstätte wahrgenommen wird.

Zeliha Baba:
Ich wünsche mir eine bessere Vernetzung nicht nur von Migrantenvereinen mit anderen Organisationen, sondern auch, dass die Vereine selbst besser und kontinuierlich kooperieren.

Dr. Josef Kohorst:
Ich wünsche mir einen „langen Atem" und viel Geduld – insbesondere von den Politikern, der Schulverwaltung und dem Jugendamt. Es ist extrem wichtig, dass wir richtige „Rückendeckung" bekommen und dass dieser Prozess als ein langfristiger wahrgenommen wird, den man nicht abbrechen darf und immer im Blick behalten muss. Es darf nicht in Wahlperioden oder nur anlassbezogen gedacht werden.

Handlungsfeld Lokale Ökonomie, Beschäftigung und Qualifizierung: „Ostpol – Gründercampus Offenbach" – Offenbach-Östliche Innenstadt

In der östlichen Innenstadt Offenbachs verknüpft das Projekt „Ostpol – Gründercampus Offenbach" Wirtschafts- und Beschäftigungsförderung mit Bildung und kulturellen Aktivitäten und leistet damit einen Beitrag zur Stabilisierung des Quartiers.

In der von Wohn- und Gewerbenutzung geprägten östlichen Innenstadt gehören hohe Arbeitslosigkeit und eine instabile Wirtschaftsstruktur zu den gravierendsten Problemen. Offenbach erwarb deshalb eine leer stehende Liegenschaft im Zentrum des Programmgebiets, um positive Impulse für die Stadtteilentwicklung – sowohl baulicher als auch sozialintegrativer Art – zu setzen: Stärkung der lokalen Ökonomie durch die Ansiedlung eines Gründerzentrums, Etablierung studentischen Lebens durch Ansiedlung von Hochschuleinrichtungen und Studentenwohnungen, Einrichtung eines Bürgertreffs bzw. einer multifunktionalen Begegnungsstätte und Ansiedlung der Musikschule Offenbach.

Durch die Bündelung der Finanzmittel aus der Sozialen Stadt, der Kommune sowie von Dritten konnte 2006 der Gründercampus unter der Marke „Ostpol" eröffnet werden. Inzwischen sind alle Gründerbüros, Ateliers und Studentenappartements vermietet. Der Ostpol hat als neues Quartierszentrum eine große Ausstrahlung, auch die anliegenden Straßenzüge profitieren von diesem Symbol des Aufbruchs. Nicht zuletzt aufgrund des Mikrofinanzierungsprogramms „Ostpol-Kredit" ist der Gründercampus zur Basis auch für die Wirtschafts- und Beschäftigungsförderung im Quartier geworden. Der „Ostpol-Kredit" wurde von der Stadt gemeinsam mit der Sparkasse, der Industrie- und Handelskammer, dem Gründerzentrum und der örtlichen Wirtschaft zur Unterstützung der lokalen Ökonomie entwickelt. Er wird aufgrund seines Erfolgs derzeit im Rahmen des ESF-Bundesprogramms „Soziale Stadt – Bildung, Wirtschaft, Arbeit im Quartier (BIWAQ)" in weitere Programmgebiete der Sozialen Stadt transferiert.

Programmgebiet:
Östliche Innenstadt, Offenbach (Hessen)

Aufnahme in das Programm: 1999

Fördervolumen Soziale Stadt bis 2008:
rund 9,1 Mio. Euro, davon rund 3 Mio. Euro Bundesmittel

Kontakt:
Dr. Matthias Schulze-Böing,
Amt für Arbeitsförderung, Statistik und Integration
schulze-boeing@offenbach.de

Fotos: GBO Gemeinnützige Baugesellschaft Offenbach mbH

Projektvorstellung
Dr. Matthias Schulze-Böing, Stadtverwaltung Offenbach, Leiter des Amtes für Arbeitsförderung, Statistik und Integration

Die Östliche Innenstadt, das Programmgebiet der Sozialen Stadt in Offenbach, liegt sehr zentral. Es zeichnet sich durch eine gemischte, heterogene Baustruktur und eine vielfältige Eigentümerstruktur aus, so dass es nicht immer einfach ist, Ansprechpartner zu finden. Die Östliche Innenstadt umfasst etwa 70 Hektar, in denen 12 000 Einwohner leben; es ist ein durchaus sozial belastetes Gebiet, die Arbeitslosenquote liegt bei rund 20 Prozent, der Anteil von Menschen mit Migrationshintergrund liegt bei mehr als 50 Prozent. Wir haben eine sehr interessante Mischung von Wohnen und Gewerbe im Gebiet (hier finden sich rund 500 Gewerbebetriebe), und – für uns sehr wichtig – die Östliche Innenstadt ist der Standort der Hochschule für Gestaltung, eine bundesweit und auch über die Bundesrepublik hinaus sehr bekannte Hochschule für angewandte Kunst, die wir explizit als Potenzial für dieses Gebiet nutzen wollen. Ein weiteres wichtiges Potenzial ist aus unserer Sicht seine zentrale Lage.

Unser Entwicklungsziel ist es, die Sozialstruktur in der Östlichen Innenstadt zu verbessern, dies allerdings vor dem Hintergrund, dass wir hier eine starke Fluktuation und soziale Probleme haben mit vielen Zuzügen und vielen Wegzügen, ein Gebiet mit vielen Menschen in sozialen Schwierigkeiten, auch ein Gebiet mit vielen Menschen, die keine Arbeit haben oder sich in prekären Arbeitsverhältnissen befinden. Wir wollen das kreative Potenzial entwickeln, das wir hier wie auch in der Stadt insgesamt identifiziert haben. Offenbach ist eine Stadt mit einem sehr hohen kreativen Potenzial – durch die Hochschule, aber auch durch die Lage im Rhein-Main-Gebiet. Wir wollen Beschäftigung und Bildung stärken, Wirtschaft im Quartier entwickeln, und – was für uns sehr wichtig ist – wir haben versucht, Offenbach als Existenzgründerstadt zu profilieren und auch Existenzgründer in dieses Quartier zu holen, weil wir davon ausgehen, dass sie sozusagen „Pioniergewächse" sind für wirtschaftlichen Aufschwung, für Beschäftigung und für die Bindung von Wertschöpfung und Kaufkraft im Quartier.

Zu den Partnern, die wir für das Projekt Ostpol gewinnen konnten, gehörte natürlich die Stadt Offenbach als Träger der Sozialen Stadt und – sehr wichtig – die Gemeinnützige Baugesellschaft der Stadt Offenbach (GBO). Dazu ist zu sagen: Wir sehen uns als Stadt, die eine Baugesellschaft nicht nur als Verwaltungsgesellschaft für städtischen bzw. indirekten städtischen Wohnungsbesitz betrachtet, sondern auch als aktives Element einer lebendigen Stadtentwicklung. Dies ist auch die Aufgabe, die die GBO sehr aktiv übernommen hat – sich nicht nur um das Wohnen im engeren

Sinne zu kümmern, sondern auch um das Wohnumfeld, um die Stadtentwicklung im weiteren Sinne. Weitere Partner in dem Projekt sind die Hochschule für Gestaltung, das Gründerzentrum KIZ GmbH in Offenbach, das bereits in der Östlichen Innenstadt ansässig war, die Musikschule Offenbach, die Industrie- und Handelskammer Offenbach und natürlich das Quartiermanagement.

Fotos: Bernhardt Link

Zunächst haben wir eine relativ zentral im Quartier gelegene Liegenschaft, die brach lag und für die wir eine neue Nutzung suchten, erworben und dort ein Gründerzentrum mit entsprechenden Beratungs- und Schulungsangeboten für neue Unternehmer eingerichtet. Darüber hinaus ist es ein Standort für die Hochschule für Gestaltung geworden, die dorthin Fachbereiche ausgelagert und hier neue Unterrichtsorte geschaffen hat. Wir wollten aber auch einen Standort für Kreative und Kreativunternehmen schaffen sowie – wenn möglich – studentisches Wohnen auf dem Gelände ermöglichen. Außerdem suchten wir für die Musikschule Offenbach einen neuen Standort, der sich ebenfalls dort gefunden hat. Schließlich sollte das gesamte Projekt keine „isolierte Veranstaltung" innerhalb des Quartiers werden, sondern sich voll integrieren und als „Vermögen des Quartiers" entwickeln. Deswegen war es für uns wichtig, keine abgeschlossene Einrichtung zu schaffen, sondern einen Ort für Kultur und Begegnung im Quartier, der ein Stück über sich selbst hinausweist und das Quartier insgesamt aufwertet.

Das waren die Funktionen, die wir dort angesiedelt haben, und ich denke, das ist ganz gut gelungen. Insgesamt ist es durch die Soziale Stadt möglich geworden, die Liegenschaft zu kaufen und auszubauen. Sehr wichtig war aber auch, eine Partnerschaft mit dem Wohnungsbauunternehmen und den anderen Beteiligten aufzubauen, um das Ganze mit Leben zu füllen und auch wirtschaftlich tragfähig zu gestalten. Inzwischen gehen wir davon aus, dass durch diese Initiative einhundert zusätzliche Arbeitsplätze im Quartier geschaffen wurden.

Projektvorstellung
Winfried Männche, Geschäftsführer der Gemeinnützigen Baugesellschaft Offenbach mbH

Das Projekt startete im April 2004 mit dem Anruf der Bank, die für die Zwangsversteigerung der Immobilie verantwortlich war und sich zwölf Jahre vergeblich bemüht hatte, einen Käufer zu finden. Sie teilte uns mit, der aktuelle Kaufinteressent plane die Nutzung der Immobilie als Wohnheim für Arbeiter aus Osteuropa. Um dies zu verhindern, planten wir, die Immobilie für rund zwei Millionen Euro zu erwerben, entwickelten aber von vornherein ein Nutzungskonzept. Zur Immobilie selbst war Folgendes bekannt: Bis 1988 wurde sie als Großdruckerei genutzt und im Jahr 1990 von einem Immobilienkaufmann erworben, der sie zu einem Wohnheim mit 180 Einzelappartements für Postbeamte umbaute, die von der damaligen Bundespost angemietet werden sollten. 1992 wurde klar, dass die Post nicht kommen würde – der Käufer hatte zwar nach Wünschen der Post geplant und gebaut, aber die Unterschrift unter dem Mietvertrag vergessen. Das heißt, seit 1992 stand das Anwesen leer. Schon bei der ersten Besichtigung des Gebäudekomplexes stand für uns fest: Dies wird im Kern ein Gründercampus für Absolventen der in Offenbach ansässigen Hochschule für Gestaltung und natürlich für Existenzgründer – eine Einrichtung, die es im Rhein-Main-Gebiet in dieser Form bisher nicht gab. Eine Besichtigung durch unsere Architekten zeigte, dass es neben den 180 Appartements auch einen großen Raum gab, das ehemalige Papierlager. Damit war die Idee geboren, hier einen Quartierssaal einzurichten. Insgesamt war uns schnell klar, dass für diese Liegenschaft mit ihren fast 6 000 qm Nutzfläche eine sehr facettenreiche Mieterstruktur gefunden werden musste – schon allein, um das Haus lebendig zu gestalten.

Bei meinem ersten Besuch beim Präsidenten der Hochschule für Gestaltung warb ich für die Idee, den sehr gut ausgebildeten Studierenden dieser Elitehochschule eine Basis zur Existenzgründung in Offenbach anzubieten. Es war bekannt, dass sich rund 60 Prozent der Studentinnen und Studenten nach dem Studium selbstständig machen wollten, mangels Raum- und Beratungsangeboten allerdings zum Großteil die Stadt verlassen wollten. Die Hochschule, der überdies mehrere Lehrsäle für Vorlesungen fehlten, zeigte daher starkes Interesse an unserem Angebot. Der Sitz der Hochschule lag nur 500 Meter von der von uns erworbenen Liegenschaft entfernt, und eine schnelle Prüfung unserer Architekten ergab, dass das Hauptgebäude der ehemaligen Druckerei ursprünglich große Produktionsräume besaß, die lediglich in mehrere Appartements aufgeteilt waren, jedoch in Richtung sieben großer Lehrräume rückzubauen wären.

Die nächste Frage war: Wer bildet junge Diplomanden und Existenzgründer zu Unternehmern aus, wer macht Mut und begleitet die Startzeit in die Selbstständigkeit? Ein Blick ins Branchenbuch ergab, dass sich die KIZ AG – Zentrum für Existenzgründung nur wenige Meter von unserem Firmensitz entfernt befand, viele hundert Male sind wir dort schon achtlos vorbeigefahren. Der Geschäftsführer dieses Beratungsunternehmens für Existenzgründer mit damals 39 Niederlassungen in Deutschland konnte überzeugt werden, mit seinem Unternehmen Mieter und zugleich Dienstleister auf unserem neuen Standort zu werden und so das Gründerkonzept möglich zu machen.

Alle erforderlichen Gremien stimmten dem Konzept innerhalb kürzester Zeit zu. Außerdem erhielten wir von der Stadt den Hinweis auf Fördermöglichkeiten aus HEGISS – so heißt das Programm Soziale Stadt in Hessen. Ziel unseres Konzeptes war es, gute Bauqualität zu attraktiven Mieten anzubieten. Grob geplant war eine Kaltmiete von fünf Euro pro Quadratmeter, Studentenappartements mit durchschnittlich 25 Quadratmetern sollten 160 Euro inklusive Betriebskosten und Strom kosten.

Der Termin der Zwangsversteigerung der Liegenschaft rückte näher. Eine Ausbietungsgarantie, abgeschlossen mit der Gläubigerbank der Liegenschaft, gab uns große Sicherheit, den Zuschlag zu erhalten – schließlich hatten wir schon einiges in die Konzeptentwicklung investiert, und beim Termin zur Zwangsversteigerung blieben wir tatsächlich die Meistbietenden. Zwei Architekturbüros wurden nun beauftragt, unsere Konzeptidee planerisch umzusetzen. Der beste Umsetzungsvorschlag wurde beauftragt und die Umbaukosten ermittelt. Dies war die Basis für eine genauere Wirtschaftlichkeitsberechnung und natürlich für den Antrag auf Mittel aus dem HEGISS-Programm, denn unsere Wirtschaftlichkeitsberechnung machte deutlich, dass wir die Verwirklichung der Idee des Gründercampus nur mit Zuschüssen aus der Sozialen Stadt würden realisieren können.

Fotos: Bernhardt Link

Kurz nachdem wir die Immobilie erworben hatten, ergab es sich, dass die Musikschule Offenbach – mit 1 600 Schülerinnen und Schülern die zweitgrößte in Hessen – kurzfristig ein neues Domizil benötigte. Obgleich unser Förderantrag auf HEGISS-Mittel noch nicht bewilligt war, erhielten wir sehr unbürokratisch die Genehmigung zum sogenannten vorzeitigen Baubeginn für den Um- und Ausbau eines Gebäudeteils für die Musikschule. Sehr schwierig war es im Förderantrag auf HEGISS-Mittel allerdings, die erforderliche Transparenz darüber herzustellen, welche Kosten des Projekts unrentierlich und somit förderfähig sind. Mehrere Stufen der Prüfung der von uns ermittelten Kosten durch die Bauverwaltung unserer Stadt bis hin zum hessischen Baumanagement waren erforderlich. Hier rege ich Verbesserungen in der Verschlankung der Prüfungsstruktur an. Den Bescheid über die Bewilligung von rund einer Million Euro erhielten wir dennoch schon ein Jahr nach einer ersten Kontaktaufnahme zum Programm Soziale Stadt und nur sechs Monate nach Antragstellung.

Im heutigen Rückblick war der Projektablauf sehr rasant. Nach dem Erwerb der Liegenschaft im April 2005 hatte die Stadt im November 600 000 Euro als Zuschuss für 30 Studentenwohnungen bewilligt. Einen Monat später, im Dezember, erhielten wir die Mittel aus der Sozialen Stadt. Vier Monate später folgte der Abschluss des städtebaulichen Vertrages, im direkten Anschluss daran die deutschlandweite Ausschreibung der Gewerke. Zwei Monate später, im Mai 2006, starteten die Umbauarbeiten. Insgesamt hatten wir das Ziel und die Aufgabe, das Ganze in sechs Monate bewerkstelligen zu müssen, weil dann die Hochschule für Gestaltung ihren Lehrbetrieb aufnehmen wollte. Und das haben wir geschafft! Vom Anruf der Bank bis zum Einzug der ersten Mieter benötigten wir also zwei Jahre Zeit.

Für die Existenzgründer haben wir Mietverträge mit nur drei Monaten Mindestlaufzeit aufgesetzt und verzichten auf eine Mietkaution. Wenn Sie heute als Existenzgründer irgendwo einen Mietvertrag für einen Gewerberaum schließen, werden üblicherweise hohe Sicherheiten verlangt und Vertragslaufzeiten von mindestens einem Jahr oder zwei Jahren festgelegt. Diese Hürde haben wir beseitigt. Jede Gründeretage mit circa 20 Einzelbüros verfügt über eine große Etagenküche als Kommunikationstreff. Alle 70 Gründerbüros haben schnellste IT-Anschlüsse, die bereits eine Stunde nach Einzug freigeschaltet sind. Über eine Servicepauschale von 50 Euro monatlich an die KIZ-Gründerberatung erhalten die Mieter neben der Nutzungsmöglichkeit von Empfangsbüro und Postservice auch Zugang zu Besprechungsräumen.

Der gläserne Quartierssaal bietet 120 Personen Platz und ist mit aller Veranstaltungstechnik bis hin zu einem Konzertflügel ausgestattet. Ein Verkaufskiosk bietet Frühstück und Mittagessen sowie einen Cateringservice für den Quartierssaal oder die Firmen im Haus. Die Seele des Hauses ist der Hausmeister: Er ist polnischer Staatsbürger, studierter Ingenieur, Weltmeister im Kanufahren und exzellenter Klavierspieler – Sie sehen also: Wir haben darauf geachtet, dass selbst der Hausmeister zu den zukünftigen Mietern, Nutzern und Bewohnern im Quartier hervorragend passt.

Der Name „Ostpol", mittlerweile beim Patentamt als Marke geschützt, war das Ergebnis eines mit 5 000 Euro dotierten Wettbewerbs unter den Studierenden der Hochschule für Gestaltung. Zur Vernetzung der Gründercampus-Idee haben wir ein Kuratorium unter Vorsitz des Präsidenten der Hochschule ins Leben gerufen, das aus namhaften Vertreterinnen und Vertretern von Lehre, Wirtschaft, Banken, Industrie- und Handelskammer und der Quartiersbevölkerung besteht. Dies hat einen ganz einfachen Hintergrund: Wenn Sie so ein Haus haben und es kommen Politiker, die sagen: „Ich muss diesen Verein unterbringen, und jener Schachclub braucht etwas...", verwässern Sie Ihr ganzes Konzept. Ich kann also nur raten, ein solches Kuratorium einzurichten, wenn Sie ein ähnliches Projekt verfolgen.

Zur Förderung der Existenzgründer haben wir unter Federführung der KIZ AG den Ostpol-Kredit ins Leben gerufen: Kredite für Existenzgründer können innerhalb weniger Tage bis zur Höhe von zunächst 5 000 Euro zugesagt werden. Derzeit leben und arbeiten im Haus rund 50 Studentinnen und Studenten in ihren Wohnungen, sieben Semestergruppen nutzen die Lehrsäle, rund 1 600 Musikschülerinnen und -schüler aller Altersgruppen kommen an sechs bis sieben Tagen die Woche von 9 Uhr bis 21 Uhr in den Ostpol, viele begleitet von Eltern und Großeltern – das heißt, es kommen allein hierdurch viele Menschen aus der ganzen Stadt in dieses Quartier. 30 Mitarbeiterinnen und Mitarbeiter der KIZ AG beraten Gründer und betreuen Gründungen. Der Quartierssaal wird etwa 120 Mal im Jahr für Lesungen, Hochzeiten, Vorträge, Lehrveranstaltungen und Bürgerversammlungen jeder Art gebucht.

Mittlerweile gibt es eine Warteliste von Existenzgründern, die ein Büro anmieten wollen. Seit Frühjahr dieses Jahres sitzt die neu gegründete hessische Filmakademie, die 4 000 hessische Filmschaffende vertritt, ebenfalls im Ostpol. Insgesamt haben sich bisher mehr als 70 Firmen als Haupt- oder Nebenmieter im Haus angesiedelt. Hier gibt es 100 Arbeitsplätze, die in diesem Quartier zuvor nicht existierten. Einmal im Jahr lädt die Wirtschaftsförderung unserer Stadt etwa 800 Firmen der Kreativbranche in den Ostpol zum Sommerfest der Kreativen ein. Fazit: Ohne die Idee Soziale Stadt und die sich hieraus ergebenden Möglichkeiten wäre dieses Projekt nie zu realisieren gewesen.

Diskussionsrunde

Dr. Matthias Schulze-Böing, Stadtverwaltung Offenbach, Leiter des Amtes für Arbeitsförderung, Statistik und Integration

Winfried Männche, Geschäftsführer der Gemeinnützigen Baugesellschaft Offenbach mbH

Markus Weidner, Geschäftsführer der KIZ GmbH (Gründerzentrum Offenbach)

Winfried Männche, Carla Kniestedt, Dr. Matthias Schulze-Böing, Markus Weidner

Foto: Gerhard Kassner

Carla Kniestedt:
Das ist ja eine derart große Erfolgsgeschichte, das glaubt man fast nicht…

Dr. Matthias Schulze-Böing:
Natürlich gab es auch Komplikationen, die zu lösen waren, aber es ist genauso abgelaufen. Es waren verschiedene Dinge, die hier zusammengeführt wurden. Auf der einen Seite der strategische Ansatz, Ökonomie in diesem Quartier zu entwickeln. Dann die Gelegenheit, die sich plötzlich ergab – es gehört nämlich auch zur Stadtentwicklung, dass man so etwas nicht bzw. ganz selten, gerade in so einem innerstädtischen Quartier, am „Grünen Tisch" planen kann. Man kann kein Gründerzentrum planen, wenn man nicht über Grundstücke und Liegenschaften verfügt. Das war einfach eine Gelegenheit. Und das ist Soziale Stadt: Es ist ein Prozess, ein Lernprozess, ein lernendes Programm…

Carla Kniestedt:
Aber so viel Zeit zum Lernen hatten Sie nicht…

Dr. Matthias Schulze-Böing:
Nein. Ich möchte den Kontext deutlich machen: Es war wichtig zu sehen, dass wir die Versatzstücke Kulturförderung der Kreativwirtschaft, Förderung der Gründer und Aufwertung dieses Teils des Quartiers bereits entwickelt hatten; das lag sozusagen bereit – wir hatten ja eine große, umfangreiche Planung betrieben. Die Fokussierung auf die Liegenschaft war der unternehmerische Schritt, der dann relativ kurzfristig getan werden musste, was uns aufgrund guter Vernetzungen mit den Entscheidungsträgern sehr gut gelungen ist.

Carla Kniestedt:
Herr Weidner, war es für Sie auch Glück, dass Sie angesprochen wurden?

Markus Weidner:
Nun ja – im Nachhinein: ja. Damals dachte ich, mit Immobilien haben wir ja eigentlich relativ wenig zu tun. Wir beraten Existenzgründer, trainieren mit Selbstständigen, das ist unser Thema. Jetzt eine Immobilie zu beleben und dort „Geist" hineinzubringen... Ich habe Hunderte von Gründerzentren in Deutschland gesehen, und die große Frage ist immer: „Kommt ‚Geist' in dieses Haus?" Es gibt Gründerzentren, die boomen, ohne baulich sensationell zu sein, und es gibt Gründerzentren, die sind perfekt gebaut, und es ist kein Leben darin. Deshalb war für mich die Frage sehr wichtig, wer die Partner sind, mit denen „Geist" in dieses Haus gebracht werden sollte.

Carla Kniestedt:
Wie hat man Sie überzeugt?

Markus Weidner:
Durch Begeisterung. Außerdem hatten wir mit dem Amt für Arbeitsförderung, Statistik und Integration bereits vorher geschäftliche Kontakte.

Carla Kniestedt:
Der Name „Ostpol" ist mittlerweile geschützt – warum denn das?

Dr. Matthias Schulze-Böing:
Wir haben das gemeinsam mit der Hochschule für Gestaltung entwickelt: Ostpol ist eigentlich ein „Un-Ding", ein „Un-Ort". Es gibt einen Nordpol, einen Südpol, und auch die Östliche Innenstadt sollte ein Pol sein – das haben wir damit verbunden, und es sollte eine Marke sein. Anfängliche Skepsis wurde uns von einem Marketingfachmann genommen, der uns sagte: „Macht das! Das muss herausstechen! Es ist ein kleines Risiko darin, aber macht das!" Inzwischen muss man wirklich sagen, es ist eine Marke

in der Stadt, es ist anerkannt, und es ist für das Quartier sehr wichtig, dass es die Menschen wirklich sehen können: Es ist das Symbol für sichtbaren Aufschwung im Quartier. Heute finden hier Geschäfte statt, verbunden mit der Marke Ostpol, die wir deshalb haben schützen lassen. Inzwischen fällt darunter auch ein Mikrofinanzinstrument, der Ostpol-Kredit, und so wird es weitere Produkte geben, die von diesem Innovations- und Gründerzentrum ausgehen – in allen Bereichen.

Carla Kniestedt:
Drei Worte zum Ostpol-Kredit...

Markus Weidner:
Wir haben im Rahmen von ExWoSt – Experimenteller Wohnungs- und Städtebau – die Idee gehabt, lokale Ökonomie mit Kleinkrediten zu stärken. Nach anfänglicher Skepsis haben wir festgestellt, dass es wirklich funktioniert, selbstständig kleine Kredite an Existenzgründer im Quartier zu vergeben. Dabei ist nie die Vergabe das Problem im Kreditgeschäft, sondern die Rückzahlungen sind es, aber das haben wir mittlerweile auch gelöst – es sind gute, solide Kredite. Die Frage war, ob wir es schaffen würden, in Offenbach eine kritische Masse zu erreichen. Wir betreiben das Projekt jetzt im Rahmen des Programms BIWAQ – Bildung, Wirtschaft, Arbeit im Quartier – weiter und versuchen, uns in Zusammenarbeit mit anderen Quartieren die Strukturkosten, den Overhead zu teilen, sodass es mittel- und langfristig kostendeckend für alle Quartiere wird und nicht überall vor Ort eigene Infrastrukturen aufgebaut werden müssen, um 30 oder 40 Kredite im Jahr zu vergeben.

Carla Kniestedt:
Gehören die Leute, die im Ostpol arbeiten, alle der Kreativwirtschaft an und kommen „von außen", oder gibt es durchaus auch Möglichkeiten, dass sich Leute aus dem Quartier angesprochen fühlen?

Markus Weidner:
Sowohl als auch. Wir haben im Ostpol drei Schwerpunkte. Der Erste ist wirklich die Kreativwirtschaft: Maler, Film- und TV-Produktionen, IT, Grafik, Design – solche Dinge. Der Zweite sind beratende Berufe, die ebenfalls sehr stark vertreten sind: Steuerberatungen, Rechtsanwälte, beratende Ingenieure. Und eine dritte Sparte betrifft alles rund um die Gesundheit, z.B. eine Naturheilpraxis, mit der wir eigentlich gar nicht gerechnet hatten, oder ayurvedische Massagen. Dies wird sowohl von Menschen aus dem Quartier als auch solchen, die von außen hierher kommen, angeboten. Aber eines ist sicher: Ohne den Ostpol wäre fast niemand im Quartier

selbstständig. Heute ist es hier richtig attraktiv: Die S-Bahn-Station ist fünf Minuten entfernt, und das Quartier liegt mitten in der Stadt, es gibt eine hervorragende Infrastruktur und das ganze „Drumherum", hervorragende Konditionen, die geboten werden. Der Ostpol ist ein Magnet, ein Anziehungspunkt für Existenzgründer und „kleine" Selbstständige.

Carla Kniestedt:
Hängt der Erfolg eines solchen Projekts, das in relativ kurzer Zeit realisiert wird, nicht entscheidend davon ab, wie gut die Agierenden „miteinander können" und wie sehr sie sich auf ein Ziel verständigen?

Winfried Männche:
Zunächst muss man als Projektentwickler selber daran glauben, Begeisterung vermitteln und die Partner zu überzeugen versuchen. Das ist uns gelungen – wir haben in Offenbach ein hervorragendes Netzwerk, in dem alle an das Projekt glauben und damit die Zuversicht ausgestrahlt haben „Wir werden das schaffen!". Und wir haben es geschafft. Allerdings habe ich den Wunsch nach Entbürokratisierung. Es ist ungemein schwer, Kosten transparent zu machen und eine deutschlandweite Ausschreibung durchzuführen. Auch wäre es mein Wunsch, dass die zehn Jahre Programmförderung verlängert werden. Ein Projekt in einem Quartier dauert wesentlich länger. Wenn Sie nach drei oder vier Jahren so ein Gründerzentrum errichten, geht es erst richtig los – und dann sind die Mittel eigentlich schon aufgebraucht. Also ich plädiere für eine Verlängerung der Sozialen Stadt in dem Stadtteil!

Dr. Matthias Schulze-Böing:
Mein Wunsch ist der Gleiche wie der von Herrn Männche – und ich habe noch einen oben drauf: Ich würde gerne das, was wir im Ostpol erreicht haben, weiter mit ins Quartier hereinnehmen. Ich würde gern erreichen, dass wir noch mehr Künstler, Kreative ansiedeln können und auch den Bereich Wohnen weiterentwickeln – das gehört ja auch zur Campusidee: Wohnen, Arbeiten, Kultur, Bildung auf einem Territorium –, um das Quartier wirklich zu *dem* Kreativviertel der Stadt zu machen.

Markus Weidner:
Wir sind in recht vielen Städten unterwegs mit Beratungs- und Trainingsprojekten, und ich würde mir wünschen, dass viel mehr lokale Akteure den Mut haben und entschlossen sagen: „Wir bauen so eine Sache auch in einem schwierigen Quartier auf." Nicht im Sinne klassischer Umnutzungen, beispielsweise von Kasernen, für die man neue Großmieter sucht, sondern tatsächlich mit dem Ansatz, kleine Selbstständige im Quartier zu fördern – denn das ist die lokale Ökonomie!

Handlungsfeld Integration: „Begegnungsstätte in der Moschee" und „Rosengarten Gülhane Elise" – Duisburg-Marxloh

Begegnungsstätte in der Moschee fördert Integration

Die Projekte „Begegnungsstätte in der Moschee" und „Rosengarten Gülhane Elise" im Duisburger Stadtteil Marxloh fördern den interkulturellen und interreligiösen Austausch vor Ort und erleichtern die Integration von Zuwanderern.

Marxloh ist kulturell, sozial und wirtschaftlich von Migrantinnen und Migranten überwiegend türkischer Abstammung und muslimischen Glaubens geprägt. In diesem Soziale-Stadt-Quartier befindet sich die DITIB-Merkez-Moschee, das Glaubenszentrum einer der ältesten und größten islamischen Gemeinden Duisburgs. Die darin integrierte, aus öffentlichen Mitteln geförderte Begegnungsstätte ist zu einem Ort des interkulturellen und interreligiösen Austausches geworden. Die Begegnungsstätte stellt Beratungs- und Bildungsangebote für alle Menschen im Stadtteil bereit.

Ein wesentlicher Erfolgsfaktor war ein intensiver und offener Austausch mit Bewohnerinnen und Bewohnern und Akteuren im Stadtteil. Ein Beirat mit rund 30 Mitgliedern relevanter Stadtteileinrichtungen sowie Nachbarschaftsvertreterinnen und -vertretern wurde eingerichtet, der seither den Entwicklungsprozess begleitet und mitgestaltet. Der Dialogansatz im Stadtteil ist zentraler Baustein der Stadtteilstrategie und der erfolgreichen Umsetzung des Projektes. Ausdruck dieses Dialogs ist ein Rosengarten, der – initiiert von der Bürgerinitiative „Gülhane Elise" – zwischen Moschee und gegenüberliegender Kirche entstehen soll. Auf diese Weise hat sich in Marxloh eine „Kultur des Miteinanders" entwickelt, die zur Erleichterung der Integration vor Ort beiträgt und die Verständigung in der Nachbarschaft verbessert.

Foto: Manfred Vollmer

Foto: Trägerverein Begegnungsstätte

Programmgebiet:
Marxloh, Duisburg (Nordrhein-Westfalen)

Aufnahme in das Programm:
1999

Fördervolumen Soziale Stadt bis 2008:
rund 13 Mio. Euro, davon rund 5,8 Mio. Euro Bundesmittel

Kontakt:
Zülfiye Kaykin
DITIB-Begegnungsstätte zu Duisburg-Marxloh e.V.
Ditib-bs@t-online.de

Gülhane Elise – Rosen für Marxloh
Gitti Schwantes und Gudrun Alt
www.elisenhof-marxloh.de

Projektvorstellung
Hartmut Eichholz, Quartiermanagement Marxloh

Entwicklungsgrundlage für den klassischen Arbeiterstadtteil Marxloh im Duisburger Norden war die Stahlindustrie, deren Werksgelände das Gebiet regelrecht umgeben. Zwar findet sich hier noch heute eine Vielzahl von Arbeitsplätzen, doch sind die Folgen des wirtschaftlichen Strukturwandels das größte Problem in Marxloh. Allein in den 1990er Jahren sind im Zuge der Krise der Stahlindustrie Tausende von Arbeitsplätzen vor Ort verloren gegangen, was natürlich auch Auswirkungen auf die Einzelhandelsentwicklung hatte. Profitierte Marxloh bis dahin von einem regionalen Einzugsbereich mit rund 250 000 Einwohnern, ging dieser aufgrund von Kaufkraftverlust nun rapide zurück. Arbeitslosigkeit und die Folgen des demografischen Wandels führten unter anderem zu Gewerbe- und Wohnungsleerstand. Die Einwohnerzahl von Marxloh sank innerhalb von 20 Jahren von 26 000 auf heute rund 18 000 – man kann sich vorstellen, was das in so einem Stadtteil ausmacht.

Quelle: Entwicklungsgesellschaft Duisburg mbH (EG DU)

Dies war die Ausgangssituation, in der wir vor zehn Jahren mit der Umsetzung des Programms Soziale Stadt begannen. Es galt, auf vielen „Baustellen" gleichzeitig tätig zu werden: Fassadengestaltung, Platzgestaltungen, lokale Ökonomie. Insbesondere die Wirtschaft vor Ort wurde in starkem Maße von Menschen mit Migrationshintergrund entwickelt – ihr Anteil beträgt 58 Prozent an der Wohnbevölkerung dieses Stadtteils. Heute wird Marxloh mit Begriffen wie „Hochzeitsmeile" oder „Hochzeitsmekka" assoziiert: Wir haben mittlerweile mehr als 30 Geschäfte im Bereich der Hochzeits- und Abendmoden sowie angeschlossener Dienstleistungen. Da kann man auch mal eine Musikgruppe mieten oder einen Fotografen engagieren. Diese Branche soll noch weiter entwickelt werden. Gleiches gilt für den Bereich Tourismus, denn unsere Projekte ziehen viele Touristen an.

Fotos: Hartmut Eichholz

Gleichzeitig müssen wir als Entwicklungsgesellschaft Duisburg (EG DU) „aussteigen", weil wir schon sehr lange im Programmzusammenhang aktiv sind. Wir werden jedoch den Verstetigungsprozess begleiten, der in starkem Maße auf den Menschen vor Ort basiert – sie sind eine Kraft, sie sind einfach da! Dieser Stadtteil hat ein Potenzial an Menschen, die sich auf den Weg machen und eine Vielfalt an Projekten, an Ideen entwickeln, wenn sie sehen, dass sie etwas bewegen können. Das hat mich sehr beeindruckt und wurde so vielleicht nicht erwartet. Die Menschen haben mich als Quartiermanager unterstützt, und wir haben als EG DU die Menschen im Quartier unterstützt. Heute ist Marxloh wieder ein pulsierender Stadtteil – dies kann man nicht nur zu besonderen Gelegenheiten, sondern tagtäglich beobachten, insbesondere samstags, wenn die Menschen aus der Region, aus dem gesamten Ruhrgebiet und auch aus Belgien zum Einkaufen kommen, um sich mit Hochzeits- und Abendmode einzudecken. Mittlerweile liegt der Anteil der deutschen Kundschaft bei mehr als 20 Prozent. Wir haben viel Glück gehabt und zum Glück ein bisschen Kraft in Entwicklungen gesteckt, die etwas bewirkt haben.

Nun zum Thema Integration: Wir haben unter anderem im Rahmen von Kunstprojekten Orte und Möglichkeiten der Zusammenarbeit und des Zusammenlebens geschaffen. Von besonderer Bedeutung ist heute jedoch die DITIB-Merkez-Moschee mit Begegnungsstätte.

Projektvorstellung
Mustafa Kücük, Presse- und Öffentlichkeitsarbeit Begegnungsstätte

Wir freuen uns immer wieder, das Projekt Moschee mit integrierter Begegnungsstätte vorzustellen. Wir sind ein Beispiel für Menschen türkischer Abstammung, die stets aktiv in der lokalen Stadtgesellschaft waren und sich sozial engagiert haben, wobei allerdings früher einige Bereiche zu kurz gekommen waren. In der zweiten Generation, nach vierzig Jahren, haben wir die Kompetenzen, Verantwortung übernehmen zu können – und wir sind dankbar, dass wir Verantwortung übertragen bekommen haben. In diesem Fall liegt die Moschee mit Begegnungsstätte in der Verantwortung der Gemeinde DITIB-Merkez-Moschee in Duisburg-Marxloh in der Warbruckstraße.

Die Idee einer Moschee mit Begegnungsstätte entstand vor circa neun Jahren aus dem Wunsch heraus, für die Migranten ein Symbol des „Angekommenseins" zu errichten und gleichzeitig den interkulturellen bzw. interreligiösen Austausch voranzutreiben. Ein Motto lautete: „Diese Projekte sind 1 000 Meter unter der Erde verwurzelt" – wir sind ein Bergbaugebiet, ein Stahlgebiet, und es hängen viele Menschen und Emotionen an diesem Projekt.

Mit der Moschee wurde ein Traum vieler ehemaliger „Gastarbeiter" realisiert, die heute zum größten Teil deutsche Staatsbürger sind. Sie wollten sich eine neue Identität aufbauen und endlich „zu Hause ankommen", was jedoch die Migrantenselbstorganisationen mit ihren bescheidenen Mitteln der Ehrenamtlichkeit nur mühsam auffangen konnten. Mit Unterstützung des Landes und der EU sowie unter Begleitung der Stadt Duisburg konnten nun in Form der Moschee und der Begegnungsstätte professionelle Strukturen aufgebaut werden.

Fotos: Bernhardt Link

Einiges an der Moschee ist untypisch: Beispielsweise wurden auf Anraten des Beirates große Fenster als Zeichen der Öffnung und der Offenheit eingebaut, damit die Menschen sehen können, was in der Gemeinde, in der Moschee passiert, um darüber Vertrauen aufzubauen. Bereits in der Bauphase haben wir rund 40 000 Besucher registriert, nach der Eröffnung des Gebäudes sind wir bei etwa 60 000 angelangt. Wir kommen nicht mehr hinterher, ganz offen gesagt. Das freut uns natürlich, zeigt aber auch, welchen Bedarf es eigentlich gibt. Es kommen Menschen aus jeder Gesellschaftsschicht: Akademiker und ganz normale Bürger auch aus dem Ausland, aus der ganzen Welt. Sie kommen aus Neugierde, um zu gucken, um als Kommunal- oder Landespolitiker gegebenenfalls Ideen mitzunehmen.

Dies zeigt unter anderem, wie wichtig die Professionalisierung der Migrantenselbstorganisationen ist.

Das Projekt wäre ohne die Unterstützung des Landes Nordrhein-Westfalen und der Stadt Duisburg nicht entstanden. Es nützt nichts, wenn nur einzelne lokale Player aktiv sind. Man benötigt eine breite Unterstützung; umgekehrt ist es wichtig, Verantwortung übertragen zu bekommen.

Um ein Klischee zum Thema Image anzusprechen: Man sagt ja oft, Moscheen seien Zeichen einer negativen Standortentwicklung. Zwischen der Moschee und der gegenüberliegenden katholischen Kirche befindet sich das Gründstück des Elisenhofs Gülhane, das damals rund 300 000 Euro kosten sollte. Heute hat es einen Marktwert von rund fünf Millionen Euro, und Investoren sind im Gespräch, die mit rund 50 Millionen Euro zu uns kommen wollen. Wir möchten hier jedoch gemeinsam mit der Bürgerinitiative Gülhane Elise einen säkularen Raum zwischen den beiden Gotteshäusern entwickeln.

Gudrun Alt, „Gülhane Elise – Rosen für Marxloh"

Fotos: Bernhardt Link

Als unsere Bürgerinitiative gehört hat, dass die Moschee und die Begegnungsstätte gebaut werden sollen, entwickelten wir die Idee, ein Symbol der Verständigung, des Miteinanders von der Moschee in den Stadtteil hinein zu errichten. Auf dem eben angesprochenen Grundstück würden wir gerne einen Rosengarten anlegen, durch den wir gemeinsam mit Jugendlichen einen Weg bauen wollen, der die Moschee direkt mit der gegenüberliegenden Einkaufsstraße verbindet. An diesem Weg soll genau zwischen der Moschee und der katholischen Kirche St. Peter die Skulptur „Rosenpalast" als säkularer Begegnungsort entstehen.

Wir haben das Symbol der Rose gewählt, denn sie spricht alle Sprachen der Welt, berührt die Herzen und macht sie weit – und das ist im Grunde unsere Philosophie: Wir wollen die Gefühle der Menschen ansprechen, sie als ganze Personen wahrnehmen und sie mit „ins Boot" nehmen. Wir führen gemeinsam mit den Menschen vor Ort Aktivitäten unterschiedlichster Art durch, die dazu dienen, dass sie ihr eigenes Wohnumfeld verschönern – von Putzaktionen bis zu Kunst im öffentlichen Raum. Mittlerweile haben wir festgestellt, dass sich nicht nur Bewohnerinnen und Bewohner von Marxloh aktivieren lassen, sondern dass auch Menschen aus ganz Duisburg und sogar darüber hinaus gerne bereit sind, immer wieder zu uns zu kommen und mitzumachen.

Diskussionsrunde

Gudrun Alt, Bürgerinitiative Gülhane Elise

Sinan Celik, Vorstand DITIB-Begegnungsstätte

Metin Dayioglu, Vorstand DITIB-Gemeinde

Hartmut Eichholz, Entwicklungsgesellschaft Duisburg mbH (EG DU), Stadtteilbüro Marxloh

Günther Holtmeyer, Beirat des Trägervereins Begegnungsstätte

Mustafa Kücük, Presse- und Öffentlichkeitsarbeit Begegnungsstätte

Carla Kniestedt:
Herr Dayioglu, Sie waren im Vorstand der Gemeinde und sind dort noch immer ehrenamtlich tätig. Als es mit dem Bau losging – haben Sie damals sofort begeistert festgestellt, dass Sie auch eine Begegnungsstätte brauchen, oder mussten Sie mit diesem Gedanken erst einmal umgehen?

Metin Dayioglu:
Ich hole mal ganz kurz etwas weiter aus. Die Gemeinde wurde 1985 gegründet und ist jetzt eine der größten in Deutschland. Der Wunsch nach einer repräsentativen Moschee kam bereits in den 1990er Jahren auf; die Gemeinde wollte einen Neubau errichten und aus dem Hinterhof herauskommen, in dem die Moschee bisher angesiedelt war. Die Gemeinde hat immer mit dem Stadtteil zusammengearbeitet, mit der evangelischen und der katholischen Kirche, mit der EG DU, mit Vereinen, dem Runden Tisch Marxloh – die Gemeinde war immer offen. Die Begegnungsstätte war eigentlich der nächste logische Schritt, der mithilfe des Programms Soziale Stadt angegangen wurde.

"Begegnungsstätte in der Moschee" und "Rosengarten Gülhane Elise" – Duisburg-Marxloh

Carla Kniestedt:
Herr Holtmeyer, Sie sind im Beirat des Trägervereins. Warum entschließt man sich, da mitzumachen?

Günther Holtmeyer:
Ich habe mich dazu entschlossen, weil ich aus der Nachbarstadt Oberhausen komme und mit großer Bewunderung gesehen habe, was da in Duisburg passiert. Ich habe mir gesagt „Da entsteht etwas so Einzigartiges – da muss man dabei sein!"

Carla Kniestedt:
Welche Seite hat mehr von der anderen gelernt?

Hartmut Eichholz, Gudrun Alt, Mustafa Kücük, Metin Dayioglu, Carla Kniestedt, Günther Holtmeyer, Sinan Celik

Foto: Gerhard Kassner

Günther Holtmeyer:
Mit Sicherheit hat die sogenannte Mehrheitsgesellschaft wesentlich mehr gelernt. Ich stelle das fest, wenn ich mehrmals in der Woche, manchmal auch jeden Tag Führungen durch die Moschee anbiete und bei fast allen Menschen ein großes „Aha-Erlebnis" registriere. Viele Leute merken, dass man trotz aller Differenzen und Schwierigkeiten kulturell und religiös viel näher beieinander ist. Die meisten Menschen gehen aus dieser Moschee, aus der Begegnungsstätte mit wesentlich mehr Offenheit als zuvor heraus.

Metin Dayioglu:
Wir haben bereits zu Beginn des Projekts erkannt, dass die Begegnungsstätte eine Chance darstellt, die Gemeinde transparenter zu machen. Alle

Beteiligten können bestätigen, dass sie sich zum Stadtteil, zu den Menschen geöffnet hat.

Carla Kniestedt:
Herr Celik, Sie sind im Vorstand der Begegnungsstätte, Sie haben den Kontakt zu den Menschen, die Sie besuchen kommen. Wer kommt zu Ihnen, und was wollen die Besucher bei Ihnen?

Sinan Celik:
Zunächst zur Integration der Begegnungsstätte in die Moschee: Wir haben einen Gebetsraum von rund 1 000 qm, und die Begegnungsstätte umhüllt ihn im Untergeschoss, im Erd- und Obergeschoss. Sowohl in die Räumlichkeiten der Begegnungsstätte als auch in den Gebetsraum kommen Menschen aus Marxloh, Duisburg oder auch aus anderen Städten, gegebenenfalls sogar aus dem Ausland.

Carla Kniestedt:
Ich erinnere mich an eine Diskussion hier in Berlin-Pankow – da ging es um den Bau einer Moschee, und es war katastrophal: Kein Mensch kam mit dem anderen wirklich ins Gespräch, es wurde aneinander vorbei geredet. Ich kann mir denken, dass Sie gefragt werden: „Wie habt Ihr das gemacht?" Was sagen Sie denen?

Mustafa Kücük:
Wir waren von Anfang an immer für kritische Fragen zu haben bzw. sind es immer noch. Allerdings fehlte der Gemeinde anfangs die Professionalität. Wenn man sich nicht artikulieren kann, wenn man Angst hat, einen Fehler zu machen, hält man sich zurück – das ist typisch türkisch. Das war das typische Verhalten der ersten Generation. Daher ist es unsere Aufgabe, Menschen der zweiten Generation mitzunehmen und interessierten Bürgern mit Offenheit zu begegnen, ihnen die Angst zu nehmen und die Hemmschwelle so niedrig wie möglich zu gestalten, um die Moschee erlebbar zu machen. Die Moschee ist ein Ort mit Blick auf die katholische Kirche. Dass hier zwei verschiedene Religionen, die an denselben Gott glauben, gemeinsam und friedlich für unsere Stadt agieren, ist eine große Stärke. Der vorhin erwähnte „Aha-Effekt" zeigt, dass sich viele Menschen auf beiden Seiten gar nicht in der eigenen Kultur auskennen und jetzt darauf aufmerksam werden, wie viele Gemeinsamkeiten man hat. Uns geht es aber nicht um „defizitäres Denken", sondern wir haben einen positiven Ansatz, mit dem wir Synergieeffekte schaffen.

Gudrun Alt:
Ich will noch einmal direkt auf Ihre Frage eingehen: Die Begegnungsstätte bietet eine Menge Kurse an: Deutschkurse, Alphabetisierungskurse, PC-Kurse. Es gibt die Veranstaltungsreihe „Westöstlicher Diwan", in der zu unterschiedlichen Themen referiert wird wie zum Marienbild in Islam und Christentum oder zum Bilderverbot im Islam. Am Frauentag hatten wir eine Veranstaltung zur Stellung der Frau in Islam, Judentum und Christentum. Darüber hinaus gibt es ganz „normale" Angebote wie Schmuckherstellung, Wellness- und Sprachkurse.

Mustafa Kücük:
Problematisch an der Wahrnehmung von Migrantenselbstorganisationen – in diesem Falle der muslimischen Gemeinde – ist, dass „türkischstämmig" mit „Islam" gleichgesetzt wird. Allerdings ist unser Lebensmittelpunkt nicht nur die Religion, und das wollen wir deutlich zeigen.

Carla Kniestedt:
Herr Holtmeyer, Sie wollten noch etwas zum Beirat sagen.

Günther Holtmeyer:
Der Beirat ist aus meiner Sicht ein ganz wesentliches Element für den Erfolg dieser Geschichte. Warum? Weil man, bevor auch nur der erste Stein auf den zweiten gesetzt war, ein Gremium geschaffen hatte, das gewissermaßen das gesellschaftliche Umfeld widerspiegelt. In ihm sind alle großen Religionen vertreten, alle Parteien des Stadtrats Duisburg, die Universität, die Volkshochschule, die großen Schulen – das heißt, die ganze Gesellschaft ist dort abgebildet. Man hat in diesem Beirat diskutiert, bis alles klar war, und erst dann wurde angefangen zu bauen – das ist das Erfolgsgeheimnis!

Carla Kniestedt:
Frau Alt, wünschen Sie sich etwas stellvertretend für alle.

Gudrun Alt:
Ich wünsche mir, dass sich der Himmel auftut und irgendwoher die fünf Millionen Euro für das Grundstück niederfallen auf uns, sodass wir den Rosengarten realisieren können und vielleicht noch die eine oder andere Idee, die wir an diesem Ort immer noch in petto haben.

Handlungsfeld Gesundheit: „KLEEMOBIL – Aufsuchende Sozialarbeit/Familienhebammen" – Stralsund-Grünhufe

Familienhebammen unterstützen Eltern und Mütter

Im Stralsunder Stadtteil Grünhufe bieten Hebammen und Sozialpädagoginnen im Projekt „Kleemobil" präventive und auf den Einzelfall abgestimmte situationsgerechte Unterstützungsangebote für Eltern und Mütter.

In benachteiligten Stadtteilen ist die Gesundheit der Bewohnerschaft deutlich gefährdeter als in anderen Quartieren. Die schwierige Erreichbarkeit dieses Personenkreises und die mangelnde Nutzung von Leistungen des medizinischen Versorgungssystems führen zu Versäumnissen bei Vorsorgeuntersuchungen, unterdurchschnittlichen Impfungsraten sowie insgesamt häufigeren Erkrankungen. Das Modellvorhaben der Sozialen Stadt „Kleemobil" trägt durch aufsuchende Sozialarbeit zur Verbesserung der Gesundheit insbesondere der Kinder bei.

Über eine Alltagsberatung durch freiberufliche „Familienhebammen" und Sozialpädagoginnen werden Eltern/Mütter in schwierigen Lebenslagen während der Schwangerschaft und bis zum Ende des ersten Lebensjahres des Kindes in erzieherischen, sozialen, gesundheitlichen und wirtschaftlichen Fragen begleitet und damit in ihrer Eigenverantwortlichkeit gestärkt. „Kleemobil" bietet darüber hinaus Begegnung und Austausch im Familiencafé sowie in Geburtsvorbereitungskursen und Krabbelgruppen. Partner des Projektteams sind z.B. die Stadtteilkoordination Grünhufe, kommunale freie Träger mit ihren Fachdiensten, die Landesvereinigung für Gesundheitsförderung Mecklenburg-Vorpommern e.V. sowie ein Netzwerk von Partnern im regionalen Einzugsgebiet.

Die im Stadtteil gewonnenen Erfahrungen sollen auch für andere Stadtteile nutzbar gemacht werden. Angestoßen durch das Modellvorhaben Soziale Stadt in Stralsund stellt das Land inzwischen landesweite Mittel für ein „Frühwarnsystem zur Förderung des Kindeswohls und zur Sicherung des Kindesschutzes" bereit.

Programmgebiet:
Grünhufe, Hansestadt Stralsund (Mecklenburg-Vorpommern)

Aufnahme in das Programm:
1999

Fördervolumen Soziale Stadt bis 2008:
rund 8,9 Mio. Euro, davon rund 3 Mio. Euro Bundesmittel

Kontakt:
Gritje Dambeck, Team Kleemobil
hst-kleemobil@t-online.de

Foto: Christian Roedl

"KLEEMOBIL – Aufsuchende Sozialarbeit/Familienhebammen" – Stralsund-Grünhufe

Projektvorstellung
Verena Schmidt, Stadtteilkoordination Grünhufe

Auch wir haben das Quartiermanagement von Beginn an umgetauft in Stadtteilkoordination, weil wir vor Ort mit den Menschen arbeiten wollen und denken, es ist einfacher, wenn man nicht als Manager daherkommt, weil dieser Begriff nicht immer positiv besetzt ist.

Foto: Bernhardt Link

Beim Modellvorhaben „Aufsuchende Sozialarbeit/Familienhebammen" geht es um ein Projekt für Eltern und Mütter im Stadtteil Grünhufe. Das Quartier wurde als zweites Neubaugebiet in Plattenbauweise in Stralsund errichtet, der südliche Teil von 1980 bis 1985 und der nördliche Teil von 1985 bis 1989. Zur Wendezeit war das Wohnumfeld in keiner Weise gestaltet, so dass Abwanderungen aus diesem Gebiet einsetzten und gerade Besserverdienende in stabilere Gebiete bzw. auch in Eigenheimsiedlungen zogen. Sozial Schwache dagegen zogen bzw. ziehen auch heute noch zu. Grünhufe umfasst 70 Hektar, allerdings haben wir in diesem Gebiet nur noch 4 132 Einwohner – 1991 waren es noch mehr als 9 000, aber das ist sicherlich ein Gesamtproblem in der Stadt. Wie Sie wissen, geht die demografische Entwicklung gerade auch in Mecklenburg-Vorpommern sehr rasant nach unten. Im Jahr 1996 wurde das Gebiet in das Wohnumfeldprogramm des Landes Mecklenburg-Vorpommern aufgenommen, 1999 in das Programm Soziale Stadt und im Jahr 2002 in das Programm Stadtumbau Ost.

Das Durchschnittsalter der Bewohner im Gebiet beträgt 37 Jahre. In der Gesamtstadt haben wir 45 Jahre als Durchschnittsalter – es ist also ein junger Stadtteil, der zweitjüngste in Stralsund. Wir haben 628 Arbeitslose, wovon 515 auf die Leistungen des SGB II angewiesen sind. Der Migrantenanteil liegt in Stralsund nur bei 2,1 Prozent, was verschwindend gering ist, es leben jedoch schätzungsweise 200 bis 300 Aussiedler im Gebiet. Die Jugendhilfebedarfsrate ist mit 11,6 Prozent für Grünhufe deutlich größer als in der Gesamtstadt mit 6,3 Prozent. Auffällig ist, dass als Grund an erster Stelle mangelnde Erziehungskompetenz der Eltern steht, gefolgt von sozialen Auffälligkeiten und Schulproblemen – auch dies ist in der Gesamtstadt anders. Unser Anliegen ist es, der mangelnden Erziehungskompetenz in Grünhufe zu begegnen, weshalb wir das Familienhebammenprojekt konzipiert haben.

Inzwischen sind viele Maßnahmen durchgeführt worden; insgesamt wurden zwischen 1996 und 2008 rund 17 Millionen Euro für dieses Gebiet bewilligt, wovon rund neun Millionen auf das Programm Soziale Stadt entfallen. In den Anfangsjahren wurden hauptsächlich Wohnumfeldmaßnahmen über das Wohnumfeldprogramm umgesetzt. Mit Einstieg in das Programm Soziale Stadt wurde verstärkt auf die Sanierung von öffentlichen Einrichtungen sowie auf soziale Projekte gesetzt: Soziale Stadt als „Mutter" in der Gesundheitsförderung oder im Handlungsfeld Gesundheitsförderung.

Das Programm Soziale Stadt hat als integriertes Stadtentwicklungsprogramm große Bedeutung für die Nachhaltigkeit auch der sozialen Integration, was unter anderem am Beispiel der Querschnittsaufgabe Gesundheitsförderung deutlich wird. Es gibt zahlreiche wissenschaftliche Studien, die den Zusammenhang zwischen sozialer Benachteiligung und Gesundheit belegen. Besonders bei den sogenannten bildungsfernen Familien, die von Langzeitarbeitslosigkeit betroffen sind, besteht eine solche Wechselwirkung in Form einer Abwärtsspirale. Das heißt, Armut führt vermehrt zu Krankheit, gleichzeitig verstärkt Krankheit soziale Ungleichheit und soziale Ausgrenzung. Kinder und Jugendliche, die in sozial- und strukturschwachen Gebieten aufwachsen, haben eine signifikant geringere Chance, gesund zu sein und auch zu bleiben. Mit präventiven Angeboten und frühzeitigen Interventionen versuchen wir in Stralsund, Kindern und Jugendlichen ein möglichst gesundes Aufwachsen in einem lebens- und liebenswerten Umfeld zu ermöglichen. Wir, das sind Vertreterinnen und Vertreter verschiedener Institutionen und Vereine, die sich in einem Akteursnetzwerk zusammengeschlossen haben, das unter anderem über die Soziale Stadt ermöglicht wurde.

Sie sehen also, dass in der Sozialen Stadt neben den städtebaulichen Maßnahmen auch dem Aufbau von Strukturen und Netzwerken eine große

Rolle zukommt. Allerdings bilden die städtebaulichen Maßnahmen, in die Bewohner von Anfang an mit einbezogen wurden, die Grundlage für eine erfolgreiche soziale Integration im Gebiet. Die aktive Mitgestaltung durch Bewohner sowie die Attraktivitätssteigerung des Wohn- und Lebensumfelds stoßen einen Prozess in Grünhufe an, der den Nährboden für sozial integrative Projekte erst ermöglicht.

Foto: Bernhardt Link

Jetzt ein kurzer Einblick in die Praxis: In der einzigen Grundschule, die noch im Gebiet liegt, konnte mithilfe des Programms Soziale Stadt die Neugestaltung des Schulhofs umgesetzt werden. Im Rahmen einer Planungswoche, in der verschiedene Akteure die Schule unterstützt haben, wurden mehrere Themen bearbeitet, in die sich die Kinder einbringen und ihre Vorschläge machen konnten, die nachher auch umgesetzt wurden. Für uns war die Schulhofgestaltung ein ganz wichtiger Schritt, weil wir die Schulen über die baulichen Maßnahmen im Stadtteil beteiligen konnten. Ein anderes Projekt war die Sanierung der Turnhalle, die ebenfalls wesentlich zur Gesundheitsförderung im Stadtteil beiträgt: Angeregt durch ein Psychomotorikprojekt in der Grundschule wurde die Vorstellung entwickelt, die Turnhalle so zu gestalten, dass auch hier Psychomotorikprojekte für den Stadtteil angeboten werden können.

Sie können sich sicherlich vorstellen, dass sich sowohl die Kinder als auch die Eltern mit dem Schulhof und der sanierten Turnhalle identifizieren und sich durch ihre Einbeziehung wertgeschätzt fühlen. Genau das ist aus meiner Sicht „der springende Punkt" in der Sozialen Stadt – dass die Menschen vor Ort Wertschätzung erfahren und das Gefühl haben, sie werden ernst genommen und sind nicht abgeschrieben und abgehängt. Sie schöpfen wieder Kraft und sind bereit, im Stadtentwicklungsprozess mitzuarbeiten und auch an ihrer eigenen Situation zu arbeiten.

Die Grundschule hat sich dem Auditingverfahren „Gesunde Schule" gestellt und bekam am 24. April das Zertifikat durch die Landesvereinigung für Gesundheitsförderung überreicht; ich möchte kurz aus dem Qualitätsbericht zitieren: „Im Jahr 2004 begann unsere Arbeit als eigenständige Grundschule. In Anlehnung an das Förderprogramm Soziale Stadt des Ministeriums für Arbeit, Bau und Landesentwicklung erarbeiteten wir ein Schulprogramm, welches auf die veränderten gesellschaftlichen Verhältnisse und das besondere Einzugsgebiet eingeht." Die Schule hat sich also tatsächlich – angestoßen durch das Programm Soziale Stadt – neu orientiert, sich zum Stadtteil geöffnet und in das lokale Akteursnetzwerk eingebracht; sie profitiert, denke ich, ungemein davon, dass es viele helfende, unterstützende Hände gibt, die den Schulalltag bereichern.

In besagter Akteursrunde wurde aber auch relativ früh deutlich, dass die Unterstützungsleistungen viel früher als in der Schule ansetzen müssen – im Idealfall bereits in der Schwangerschaft durch ein niedrigschwelliges präventives Angebot. Und so sind wir auf die Suche gegangen, wie wir den Kindern und den Familien frühzeitig helfen können, womit wir zum Familienhebammenprojekt KLEEMOBIL kommen. Ganz kurz zur Entstehungsgeschichte: Bei einem Kongress im Rahmen von E&C – „Entwicklung und Chancen junger Menschen in sozialen Brennpunkten" im Jahr 2005 stellte sich ein Projekt aus Hamburg-Barmbek vor, das KiFaZ (Kinder- und Familienzentrum), was für uns die Initialzündung war. Wir haben gesagt: „So etwas wollen wir auch bei uns haben, das ist der richtige Ansatz!" Über die AG Gesundheitsförderung fand sich ein Akteurskreis zusammen, und im Jahr 2006 bot sich die Möglichkeit, über das Programm Soziale Stadt Modellvorhaben im nicht-investiven Bereich zu beantragen, womit erstmals größere Projekte auch im sozialen Bereich angestoßen werden konnten.

„KLEEMOBIL – Aufsuchende Sozialarbeit/Familienhebammen" – Stralsund-Grünhufe

Mit der Fördermittelzusage im Jahr 2007 gründete sich aus dem Akteurskreis ein Projektbeirat; Projektträger ist die Stadterneuerungsgesellschaft Stralsund. Der Beirat ist professionell besetzt und hat die Funktion eines Aufsichts-, Kontroll- und Beratungsgremiums. Beteiligt sind Vertreterinnen und Vertreter der Stadterneuerungsgesellschaft Stralsund, des Gesundheitsamts, des Jugendamts, von Pro Familia, der Landesvereinigung für Gesundheitsförderung, die Stadtteilkoordination sowie eine Gynäkologin. Die erste Aufgabe des Beirats bestand darin, freie Träger auszuwählen; gewählt wurden das Kreisdiakonische Werk sowie der Verbund für Soziale Projekte. Ebenfalls in Abstimmung mit dem Beirat wurde jeweils eine Sozialpädagogin bei den sozialen Trägern angestellt; die Familienhebamme arbeitet freiberuflich und wurde auch über den Beirat ausgewählt.

Das Modellprojekt KLEEMOBIL stellt Familien in schwierigen Lebenslagen frühzeitig – bereits während der Schwangerschaft und bis zu einem Jahr nach der Geburt des Kindes – ein niedrigschwelliges aufsuchendes Unterstützungsangebot bereit. Ziel des Projekts ist es, Schwangeren bzw. Müttern und Eltern mit ihren Kindern Möglichkeiten zu eröffnen, auf familiäre Krisen adäquat reagieren zu können. Eigene Ressourcen werden sichtbar gemacht und ausgeschöpft. Ein weiteres Ziel des Modellvorhabens ist der Aus- bzw. Aufbau eines Frühwarnsystems in Bezug auf latente Kindeswohlgefährdung. Das Büro von KLEEMOBIL befindet sich im Sozialen Zentrum „Wiesenblume", das über das Programm Soziale Stadt saniert und zu einem generationsübergreifenden Treffpunkt in Grünhufe ausgebaut wurde. Dort befinden sich verschiedene soziale Einrichtungen, unter anderem auch das Begegnungszentrum der Stadtteilkoordination. Da dieses Gemeinwesenprojekt von vielen besucht wird, kann nicht sofort gesehen werden, ob jemand wegen der Hilfsangebote kommt; somit ist der Zugang für Frauen bzw. Familien zu KLEEMOBIL nicht stigmatisierend.

Die Laufzeit von KLEEMOBIL ist von Anfang Juli 2007 bis Ende des Jahres 2009, die Gesamtkosten für das Projekt belaufen sich auf 203 900 Euro; Ende 2009 wird eine Evaluation vorliegen. Das Team von KLEEMOBIL ist eingebettet in die Netzwerkstrukturen im Stadtteil und arbeitet sozialraumbezogen. Die freien Träger übernehmen die ständige fachliche Beratung und Begleitung. Aus unserer Sicht spielt KLEEMOBIL eine herausragende Rolle bei der Quartiersentwicklung, da es den Mitarbeiterinnen gelingt, frühzeitig Kontakt und Vertrauen aufzubauen und die stark belasteten Familien in den Stadtentwicklungsprozess einzubeziehen.

Die aufsuchende Sozialarbeit wird im Stadtteil gut angenommen und führt zu einer deutlichen Verringerung des Gefährdungspotenzial für Säuglinge im ersten Lebensjahr, wie uns auch aus fachmedizinischen Krei-

„KLEEMOBIL – Aufsuchende Sozialarbeit/Familienhebammen" – Stralsund-Grünhufe

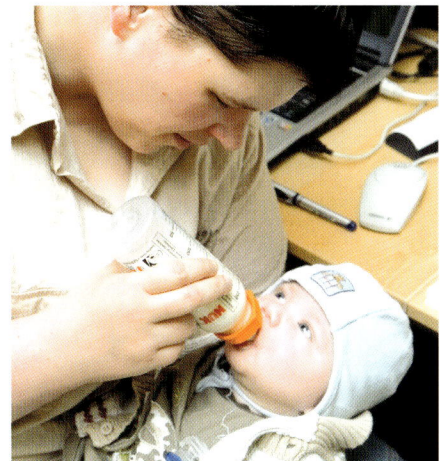

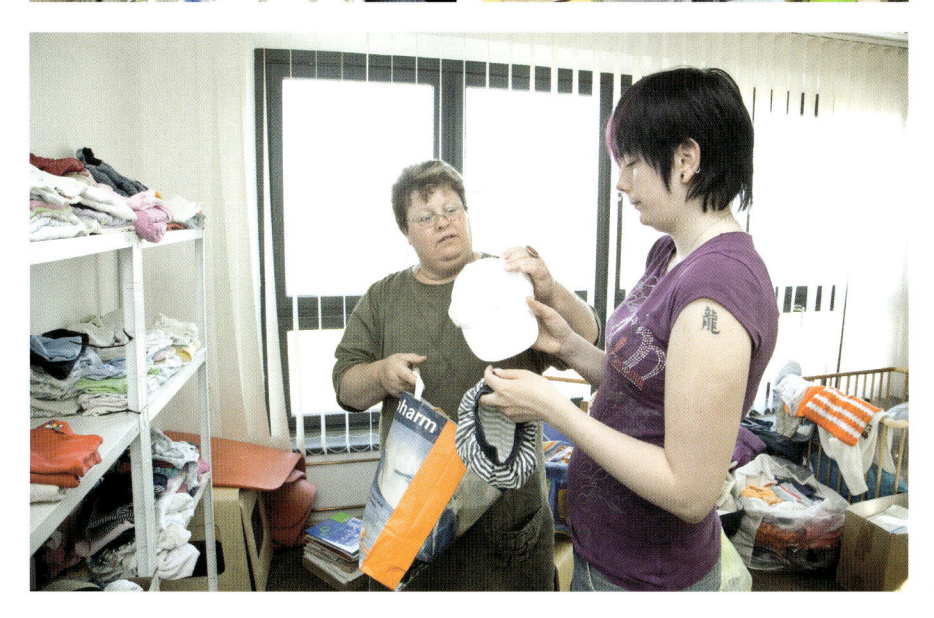

Foto: Bernhardt Link

sen versichert wurde. Es wird aber nicht nur das höchste Gut, das Kindeswohl, geschützt, sondern durch das entstandene Vertrauensverhältnis werden die Familien auch frühzeitig in die Gemeinwesenarbeit vor Ort eingebunden, so dass sie entlastende Strukturen in Krisensituationen nutzen können. Im bisherigen Projektverlauf wurden insgesamt 49 Familien betreut; 23 sind es zurzeit, während für 26 Familien die Hilfe bereits beendet wurde. Hauptgrund für die Beendigung der Unterstützung war das Erreichen des ersten Geburtstags des Kindes, andere Gründe lagen im Fortzug der betreffenden Familien oder weil eine weitere Hilfestellung nicht mehr notwendig war. Im Jahr 2008 wurden in Grünhufe insgesamt 56 Kinder geboren – Sie sehen also, wie groß die Akzeptanz von KLEEMOBIL im Stadtteil ist und dass fast alle Familien dieses Angebot dankbar annehmen.

Fazit: Die Städtebauförderungsprogramme Soziale Stadt und Stadtumbau Ost haben in Stralsund-Grünhufe einen Entwicklungsprozess in Gang gesetzt, der auch die Entstehung des Projekts KLEEMOBIL begünstigte. Die Lebensqualität der Quartiersbewohner wurde deutlich verbessert – einerseits durch die Sanierung von öffentlichen Gebäuden, Begrünung des Stadtteils und die Errichtung von Spiel- und Sportflächen, andererseits auch aufgrund diverser sozialer Projekte. Die Förderung von KLEEMOBIL durch das Programm Soziale Stadt zeigt auch, dass Gesundheitsförderung als Handlungsfeld oder als Querschnittsthema anerkannt und die Errichtung von Strukturen zur Gesundheitsförderung und -prävention inzwischen von einem breiten Netzwerk getragen wird.

Das Modellvorhaben läuft, wie gesagt, zum Jahresende aus. Die Erfahrungen zeigen jedoch, dass der Ansatz, das Familiensystem als Ganzes zu betrachten, sowohl aus medizinischer als auch aus sozialpädagogischer Sicht aufrechterhalten werden sollte – nicht nur in Grünhufe, sondern landesweit. Außerdem sollte der Ansatz auch auf Familien mit Kindern im zweiten und dritten Lebensjahr ausgeweitet werden. Zur Fortführung des Projekts sehen wir natürlich auch die Politik in der Verantwortung, und wenn ich an Herrn Müntefering denke, wie er heute morgen sagte, es gehe um ressortübergreifende Zusammenarbeit – gerade auf der ministeriellen Ebene –, dann möchte ich mich dem nur anschließen und das unterstützen. Wir sind sehr dankbar, dass unser Familienhebammenprojekt durch die Städtebauförderung angestoßen wurde, aber jetzt sind auch andere Akteure in der Pflicht – sei es das Sozialministerium oder das Gesundheitsministerium. Aus unserer Sicht ist KLEEMOBIL gelebte integrierte Stadtteilentwicklung!

Diskussionsrunde

Gritje Dambeck, Teamleiterin KLEEMOBIL

Anke Kopelmann, Soziale Dienste des Kreisdiakonischen Werkes Stralsund

Verena Schmidt, Stadtteilkoordination Grünhufe

Carla Kniestedt:
Nun sind wir zum guten Schluss noch bei den vielen kleinen zauberhaften Kindern angelangt und den dazugehörigen Eltern, die es wirklich und wahrhaftig verdienen, dass man sich um sie kümmert. Frau Dambeck, Sie sind eine Teamleiterin bei KLEEMOBIL. Wie muss ich mir das denn vorstellen?

Verena Schmidt, Anke Kopelmann, Carla Kniestedt, Gritje Dambeck

Foto: Gerhard Kassner

Gritje Dambeck:
Wir teilen uns die Arbeit; ich bin vor allem für Organisatorisches verantwortlich, muss unter anderem die Teamsitzungen leiten und organisieren. Familienbesuche gehören aber auch zu meinem Job.

Carla Kniestedt:
Wenn Sie abends zu Hause sind und sagen: „Das war heute ein richtig guter Tag, bezogen auf meine Arbeit!" – Wann war der Tag gut?

Gritje Dambeck:
Wenn ich gemerkt habe, dass ich einer Mutter etwas abnehmen konnte. Nicht, indem ich es selber tue, sondern wenn ich ihr begreiflich machen konnte, wie sie eine Aufgabe leichter bewältigen kann.

Carla Kniestedt:
Was sind denn da die größten Probleme? Womit werden Sie konfrontiert?

Gritje Dambeck:
Das sind ganz einfache Dinge: Teilweise wissen die Mütter nicht, wie sie mit ihren Kindern umgehen sollen. Sie haben keinen Alltagsrhythmus, das muss man ihnen beibringen. Man muss ihnen auch beibringen, wie die Babyfläschchen zu kochen sind, weil die Mütter die Bedienungsanleitungen nicht ordentlich lesen und dann einen dicken Brei kochen oder solche Sachen. Es sind ganz, ganz, ganz alltägliche Dinge.

Carla Kniestedt:
Was mich an dieser Geschichte wirklich erschüttert, ist, dass ganz offensichtlich außer Ihnen niemand da ist, der ihnen das beibringt oder zeigt.

Gritje Dambeck:
Wenn es eine Großmutter gibt, dann passiert dies. Aber oft ist es ja so, dass die Verhältnisse zwischen den jungen Müttern und ihren Eltern nicht besonders gut sind.

Foto: Gerhard Kassner

Carla Kniestedt:
Kommen die Hilfesuchenden auf Sie zu, kommen sie in Ihr Büro?

Gritje Dambeck:
Sie kontaktieren meist die Familienhebamme. Ist eine Frau schwanger, ist der Kontakt zu einer Hebamme meist das Erste – sie braucht eine Hebamme. Wenn sie in Grünhufe wohnen, fällt ihnen spätestens dann ein, dass unsere Familienhebamme auch dort arbeitet und wohnt – wie günstig! Also wird die Nummer gewählt, und dadurch kommt es sofort zum ersten Kontakt mit der jungen werdenden Mutter.

Carla Kniestedt:
Ist es eine Bedingung, dass man da lebt, wo man Hilfe leisten möchte – gerade in so einem sensiblen Bereich?

Gritje Dambeck:
Es ist sehr hilfreich, es verkürzt den Weg.

Carla Kniestedt:
Wann ist Ihre Aufgabe wirklich erfüllt? Macht es nicht eher unruhig, wenn man die Mutter, den Vater, die Familie ein Jahr bis zum ersten Geburtstag des Kindes begleitet hat, es jedoch klar ist, dass es – was kleine Kinder betrifft – erst danach richtig „dramatisch" wird?

Gritje Dambeck:
Ja, das ist richtig. Wir bekommen auch mit, dass die Mütter dann ängstlich werden und sich fragen, was aus ihnen wird, wenn wir nicht mehr da sind. Es gibt ja – Gott sei Dank! – noch andere Hilfesysteme in Stralsund, und sie werden „weitergereicht".

Carla Kniestedt:
Ich stelle es mir einigermaßen dramatisch vor, wenn man mit einem Eineinhalbjährigen vor der Tür steht und Sie sagen, das Kind ist ein halbes Jahr zu alt. Aber das machen Sie natürlich nicht, oder?

Gritje Dambeck:
Ein großer Vorteil des Projektes liegt darin, dass zwei anerkannte freie Träger der Jugendhilfe integriert sind, die ein großes Netzwerk an eigenen Hilfeleistungen – Beratungsdienste, Frühförderung, ambulante Hilfen zur Erziehung bis hin zu stationären Einrichtungen – anbieten. Schwerpunkte sind vor allem Ehe-, Lebens-, Partnerschafts- sowie Schwangerschaftskon-

fliktberatung und Beratung für verhaltensauffällige Kinder. Durch die Mitarbeiter von KLEEMOBIL erhalten die Familien Kenntnis von uns Trägern, Hemmschwellen werden abgebaut, und wir können sie in diese Netzwerke vermitteln. Wir sind als Träger in diesem Stadtteil mit unseren Diensten fest integriert und arbeiten aus einer Hand.

Wir haben sehr viel mit Gewalt zu tun in den Familien, mit Alkohol und Drogen. Ich finde unser Projekt sehr gut, weil wir in den Familien sind, bevor irgendwelche Probleme eskalieren. Wir bekommen mit, ob ein Kind stundenlang still ist und die Mutter sich nicht darum kümmert. Da schlagen bei uns die Alarmglocken, weil das nicht normal ist.

Carla Kniestedt:
Nein, ist es nicht. Ich muss zugeben, dass ich bei solchen Berichten immer wieder ganz erschüttert dastehe. Es ist schon ziemlich schlimm, was man da so zu hören bekommt. Jetzt haben Sie ja bereits selbst gesagt, die Förderung durch die Soziale Stadt läuft aus, und es geht nun um die Verstetigung einer sehr früh einsetzenden Hilfestellung. Hat eine solche Verstetigung – unter anderem in Mecklenburg-Vorpommern – eine Chance, oder ist sie immer noch ein frommer Wunsch, Frau Schmidt?

Verena Schmidt:
Angestoßen durch das Modellvorhaben KLEEMOBIL hat sich bei uns im Land etwas getan. Das Sozialministerium hat 200 000 Euro pro Jahr für Familienhebammen zur Verfügung gestellt, die allerdings – anders als unser Team – vier Stunden pro Woche eigenständig unterwegs sind. Aus unserer Sicht ist das sehr problematisch, denn die Stärke unseres Ansatzes ist die Einbindung der Hilfsangebote in die Hilfesysteme der Träger, innerhalb derer die Familien weitervermittelt werden können.

Fotos: Gerhard Kassner

Zukunft der Sozialen Stadt aus Sicht der Politik

Zukunft der Sozialen Stadt aus Sicht der Politik

Moderierte Diskussionsrunde der fachpolitischen Sprecher der Bundestagsfraktionen

Heidrun Bluhm, MdB, Die Linke

Patrick Döring, MdB, FDP

Peter Götz, MdB, CDU/CSU

Peter Hettlich, MdB, Bündnis 90/Die Grünen

Petra Weis, MdB, SPD

Moderation: *Achim Großmann,* Parlamentarischer Staatssekretär beim Bundesminister für Verkehr, Bau und Stadtentwicklung

Heidrun Bluhm, MdB, Die Linke;
Petra Weis, MdB, SPD;
Peter Hettlich, MdB, Bündnis 90/Die Grünen;
Achim Großmann, Parlamentarischer Staatssekretär;
Peter Götz, MdB, CDU/CSU;
Patrick Döring, MdB, FDP

Foto: Gerhard Kassner

Carla Kniestedt:
Ich übergebe jetzt bei der abschließenden Gesprächsrunde an Achim Großmann. Dass er das als Parlamentarischer Staatssekretär beim Bundesministerium für Verkehr, Bau und Stadtentwicklung macht, hat durchaus damit zu tun, dass ihm selbst ein wenig „das Seelchen beim Programm Soziale Stadt tropft", denn er ist ja einer derjenigen, ohne die es das ganze Programm nicht gäbe.

Achim Großmann:
Es wurde schon gesagt: Soziale Stadt, ohne Sie, die Akteure vor Ort, gäbe es sie nicht, denn Sie sind in vielen Stadtteilen im Programm Soziale Stadt

engagiert. Aber ohne die Politik gäbe es die Soziale Stadt auch nicht. Denn irgendwann kamen wir auf die Idee, dieses Programm aufzulegen, und deshalb feiern wir heute Geburtstag.

Es ist kein Geburtstag – das haben Sie schon gemerkt –, an dem wir nur feiern und die Sektkorken knallen und wir Kuchen essen und die Kerzen ausblasen, sondern es ist eben auch ein Geburtstag, wo wir uns austauschen, wo wir arbeiten, wo wir Revue passieren lassen, was in den zehn Jahren passiert ist. Wo wir uns Gedanken darüber machen, wie es denn nun weitergehen soll, und zu diesem Zwecke haben wir Gäste eingeladen, mit denen wir reden wollen: Es sind die, die im Parlament, in Regierung und Opposition Verantwortung für das Programm tragen, die auch die wohnungspolitischen und städtebaulichen Programme mit begleitet haben. Deshalb freue ich mich auf dieses Gespräch ganz besonders. Ich fange einmal bei den Damen in der Runde an und würde sagen, dass jede und jeder bei der ersten Wortmeldung kurz erklärt, was sie/er vorher gemacht hat, welcher Bezug zur Sozialen Stadt da ist. Ich würde dann direkt mit Fragen anfangen – wir machen jetzt keine Statements –, sondern schauen, dass wir relativ schnell in ein Gespräch hineinkommen.

Weit rechts außen von mir sitzt Frau Bluhm von der Fraktion Die Linke, daneben Frau Weis von der SPD-Fraktion, Herr Hettlich, Fraktion Bündnis 90/Die Grünen, Herr Götz von der CDU/CSU-Fraktion und Herr Döring von der FDP-Fraktion. Das sind unsere Gesprächspartner, und ich will gleich loslegen: Wir feiern Geburtstag, und das bedeutet ja im Grunde genommen, dass man gratuliert, dass man dem Geburtstagskind Soziale Stadt gratuliert.

Frau Bluhm – wir fangen mit Ihnen an: Ich glaube, das Programm hat sich bewährt, was nicht heißt, dass ich nicht gleich auch Fragen dazu stellen werde, was wir denn noch besser machen könnten. Zum Eintritt in die Diskussion frage ich Sie einfach, was Ihnen spontan zu dem Programm einfällt, was Sie herausheben, was Sie gut finden – und dann haben wir einen freundlichen Einstieg für das Geburtstagskind.

Heidrun Bluhm:
Ich bin bau- und wohnungspolitische Sprecherin der Fraktion und in der Opposition, wie Sie sicher wissen. Bevor ich 2005 in den Deutschen Bundestag gekommen bin, war ich Stellvertretende Oberbürgermeisterin und Beigeordnete für Bauordnung und Umwelt in der Landeshauptstadt Schwerin, also mit dem Thema Soziale Stadt direkt vor Ort kommunal befasst. Insofern können Sie auch voraussetzen, dass ich dieses Thema weiterhin sehr, sehr intensiv verfolge und die Regierung positiv-kritisch begleite.

Insofern herzlichen Glückwunsch, Herr Großmann, ich denke schon, dass das Jubiläum „Zehn Jahre Soziale Stadt" gefeiert werden kann, weil ich glaube, dass auch heute in der Veranstaltung, insbesondere bei der Vorstellung der Projekte am Nachmittag, der Nachweis erbracht wurde, wie notwendig und wie wichtig es war, ein solches Programm aufzulegen.

Sie haben angedeutet, dass wir hinterher auch noch einmal zu Wünschen kommen, wie wir uns das Programm vielleicht noch besser vorstellen. Deswegen will ich jetzt nicht kritisieren, sondern tatsächlich beglückwünschen. Ich denke, wichtig ist die Erkenntnis für die Gesellschaft, dass wir alle gemeinsam für das Vorankommen in den Kommunen, im gemeinsamen Leben zusammen eine Gesellschaft bilden und diese auch gestalten müssen, unabhängig davon, welcher Hautfarbe, welcher Religion, welcher Bildungsschicht und welchem sozialem Status wir angehören. Ich meine, dass das Programm Soziale Stadt diesen Prozess sehr, sehr vorbildlich, nicht nur modellhaft, sondern flächendeckend in vielen Gemeinden entsprechend unterstützt hat. Das möchte ich besonders hervorheben.

Achim Großmann:

Vielen Dank. Frau Weis, für Sie war es heute hier fast ein Heimspiel, denn Duisburg war auch prominent mit einem Projekt vertreten. Deshalb wird es Ihnen auch nicht schwerfallen, sich im ersten Statement positiv zu äußern.

Petra Weis:
Nein, das fällt mir ganz gewiss nicht schwer. Ich bin hergekommen, um sozusagen meine Geburtstagsglückwünsche zu überbringen. Ich komme

Heidrun Bluhm, MdB, Die Linke;
Petra Weis, MdB, SPD

Foto: Gerhard Kassner

nicht nur aus Duisburg, sondern „strafverschärfend" – ich sage das jetzt einmal etwas spaßig – aus einem Stadtteil, in dem ich geboren und bis zu meinem zehnten Lebensjahr aufgewachsen bin, der heute ein Stadtteil der Sozialen Stadt ist. Aber die Marxloher sind mir natürlich genauso lieb und teuer. Ich bin ganz stolz auf euch, dass Ihr heute hier seid und die beiden Projekte vorstellen durftet.

Franz Müntefering hat heute Morgen davon gesprochen, dass wir selbstkritisch sein sollten, aber auch selbstbewusst. Der Satz hat sich, meine ich, im Laufe des heutigen Tages auch bewahrheitet. Denn die Vielfalt, die in den Projekten zum Tragen gekommen ist, hat deutlich gemacht: Wir können wirklich stolz darauf sein, dass dieses Programm geschaffen wurde. Ich finde, dass vor allem die Akteure, die heute in Auszügen ihre Arbeit vorstellen konnten, stolz auf das sein können, was sie geleistet haben.

Aber – und das ist vielleicht in der Tat, da hat Heidrun Bluhm Recht, etwas für die zweite Runde: Es ist zwischen den Zeilen auch milde Kritik geäußert worden, so dass ich denke, dass die Komponente der Selbstkritik heute nicht zu kurz gekommen ist. Alles in allem ist die Soziale Stadt meines Erachtens eine Erfolgsgeschichte. Ich glaube, dass sich in keinem anderen Programm der Ansatz der integrierten Stadtentwicklung so deutlich und zugleich so positiv niedergeschlagen hat.

Gerade bei der Vorstellung des Stralsunder Projektes ist mir noch aufgefallen, dass wir uns über die Kritik und die Reflexion der Sozialen Stadt und über die Frage, „Wie soll es weitergehen?" auch der Frage stellen müssen: „Wie gesellschaftsfähig sind wir eigentlich alle miteinander?". Das ist vorhin bei der Vorstellung des Projektes auch durch die Bemerkung von Carla Kniestedt deutlich geworden, und es ist sicher etwas, das wir in der zweiten Runde noch einmal aufgreifen sollten.

Achim Großmann:
Herr Hettlich, ich habe 1998 an einem Donnerstag auf einer alten Schreibmaschine die Koalitionsvereinbarungen getippt. Das Original gibt es noch, sowohl den Brief wie auch die Schreibmaschine. Am Donnerstag verschickte ich das dann an einige wenige, und freitags mussten wir beschließen. Die Zeitknappheit kam deshalb zustande, weil wir feststellen mussten, dass sich unsere Altvorderen von Rot-Grün nicht besonders um das Thema Wohnungs- und Städtebau gekümmert hatten, und so mussten wir nacharbeiten. Ich habe diesen Brief dann an eine Kollegin, Franziska Eichstädt-Bohlig, geschickt. Jetzt sind Sie ihr Nachfolger. Bei Franziska Eichstädt-Bohlig hätte ich jetzt ziemlich genau gewusst, was sie gesagt hätte. Nun bin ich gespannt, wie Sie zum Thema Soziale Stadt stehen.

Peter Hettlich:
Vielen Dank. Ich freue mich natürlich auch, heute hier zu sein, und ich freue mich vor allem, dass das Programm Soziale Stadt das Alter von zehn Jahren erreicht hat. Ich habe ja noch im Windschatten von Franziska Eichstädt-Bohlig im Ausschuss die ersten drei Jahre unter Rot-Grün erlebt, und daher weiß ich, dass dem Projekt Soziale Stadt ganz schön der Wind ins Gesicht blies. Ich habe im Ausschuss dazu Anhörungen erlebt, die nicht so lustig waren, und ich sage Ihnen ganz ehrlich: 2005 hätte ich nicht unbedingt den Finger zum Schwure gehoben, wenn es geheißen hätte, „Wie siehst du eigentlich die Zukunft dieses Programms im Jahre 2009?". Ich sah es auf der Kippe stehen und freue mich – das muss man auch ausdrücklich mal als Oppositionspolitiker sagen –, dass es der Großen Koalition gelungen ist, dieses Projekt fortzuführen. Die vergangenen vier Jahre waren aus meiner Sicht auch deshalb für die Soziale Stadt so wichtig, weil sich dadurch eine ganze Menge entspannt hat. Neben aller inhaltlichen Kritik, über die man sich sicher auch hier gleich noch unterhalten wird, möchte ich sagen, dass ich mich ausdrücklich darüber freue. Ich hätte mir das vor vier, fünf Jahren nicht vorstellen können. Das ist das eine.

Petra Weis, MdB, SPD;
Peter Hettlich, MdB, Bündnis 90/Die Grünen

Foto: Gerhard Kassner

Ich bin Sprecher für Baupolitik und für Stadtentwicklungspolitik, aber ich bin auch Sprecher der AG Ost und hatte dadurch natürlich oft und auch schon sehr frühzeitig mit dem Thema Stadtumbau zu tun. Harald Rupprecht sitzt hier irgendwo in der Runde, mit dem ich über Wolfen-Nord sehr oft diskutiert habe. Und dort war es ja schon frühzeitig so, dass der Stadtumbau Ost mit Projekten der Sozialen Stadt flankiert wurde. Auch heute haben wir uns draußen unterhalten und festgestellt, dass diese Erfolge gar nicht so sehr Ergebnisse harter Faktoren sind, sondern eines Prozesses, bei dem man gar nicht so richtig wusste, wie die Akteure aufeinander einwirken. Heute sieht man, dass das wirklich zu Erfolgen führt. Und das macht mir einfach Freude. Ich wünsche dem Programm mindestens noch weitere zehn Jahre, am besten noch mehr.

Achim Großmann:
Herr Götz, wir zwei sind ja schon ziemlich lange dabei. Sie haben das Programm Soziale Stadt aus der Opposition gesehen und sehen es jetzt auch aus der Regierungsseite.

Wir haben, glaube ich, ziemlich gut am Profil der Sozialen Stadt gearbeitet und haben eben draußen noch einmal davon gesprochen, dass natürlich der Beginn auch deshalb ein bisschen schwer war, weil wir nicht wussten: Etikettieren wir einen Stadtteil mit so einem Programm in negativer Weise? Also: Schaden wir ihm nicht, wenn wir sozusagen ein Etikett schaffen? Und wir haben damals lange überlegt: Wie soll es denn starten? Wie soll es heißen? Sie haben es, wie gesagt, zunächst aus der Opposition begleitet. Ich glaube, Sie haben bei dem Programm aber auch ein ganz gutes Gefühl.

Peter Götz:
Vielen Dank! Es trifft tatsächlich zu. Wir zwei überspannen schon, ich will nicht sagen „Jahrzehnte", aber doch einen Zeitraum im Bereich der Wohnungs- und Stadtentwicklungspolitik, der über zehn Jahre hinausgeht. Ich bin jetzt seit nahezu 20 Jahren Mitglied des Deutschen Bundestages und in der ganzen Zeit mit dem Thema Stadtentwicklungspolitik befasst. In meinem früheren Leben war ich Bürgermeister, Baubürgermeister – ich war Leiter einer Bauverwaltung –, und habe in meinen Jugendjahren Stadtsanierung handfest direkt vor Ort betrieben. Insofern begleitet mich dieses Thema eigentlich mein ganzes Leben.

Ich erinnere mich ganz gut an die Diskussion, an die Zeit vor zehn Jahren. Das Thema ist zwar vor zehn Jahren befestigt worden, aber – viele in dem Raum wissen es noch: Da gab es einen Bauminister Klaus Töpfer. Das war jetzt nicht zu meiner Oppositionszeit, sondern es war zu einer Zeit, als die Union in der Regierungsverantwortung war. Da sprachen wir über integrierende Stadt und diskutierten auch lange – es war 1997 oder zum Teil auch 1998 – darüber: Können wir es uns überhaupt leisten, ein solches Programm aufzulegen? Denn es bestand große Sorge, dass man durch ein solches Programm ein Quartier, ein Viertel einer Stadt möglicherweise eher zusätzlich belastet, es stigmatisiert. Das heißt, es bestand die Sorge, dass eine negative Betrachtungsweise entsteht und diese durch ein eigenes Programm eine Spirale nach unten dreht. Solche Diskussionen habe ich, wenn ich über Soziale Stadt rede, damals mit geführt und auch noch gut in Erinnerung.

Peter Götz, MdB, CDU/CSU

Foto: Gerhard Kassner

Ich sage in aller Offenheit: Ich bin dankbar dafür, dass dann beim Regierungswechsel diese Thematik aufgegriffen wurde und auch der Begriff „Soziale Stadt" geprägt wurde.

Im Unterschied zu den vielen anderen Stadterneuerungsprogrammen, Städtebauförderprogrammen, Denkmalschutz und vielen anderen mehr, bei denen es um Gebäude geht, geht es beim Programm Soziale Stadt um die Menschen. Es geht um die Frage „Welche Aufgaben haben die Menschen?", um Fragen der Integration. Die gesamte Bandbreite, Beschäftigung, Bildung, Schule, Integration, das alles wird im Programm „Soziale Stadt" gebündelt.

Insofern bin ich dankbar dafür, dass das Programm damals, vor zehn Jahren, unter diesem Namen kreiert wurde. Es ist schön, dass es heute noch eine Chance gibt, zehn Jahre Geburtstag zu feiern. Gern gebe ich den Dank zurück an die Akteure, die hier sind. Wenn ich in die Runde schaue, sind es ja auch diejenigen, die das Programm am Leben halten müssen, nicht wir.

Wir haben es 2004 ins Baugesetzbuch hineingeschrieben, damit es dort auf Dauer verankert wird. Auch darüber haben wir lange und handfest diskutiert, als wir die Städtebauförderung ins Baugesetzbuch übernommen haben. Ich erinnere mich noch ganz gut an die Diskussion, als wir damals das Städtebauförderungsgesetz aufgelöst und die Inhalte ins Baugesetzbuch übertragen haben, um damit dem Städtebau einen noch bedeutenderen Stellenwert zu verschaffen. Das alles hat sich nach meiner Einschätzung bewährt. Über Einzelheiten kann man zu Recht diskutieren, das tun wir ständig, und vielleicht gibt es nachher auch noch Gelegenheit dazu.

Also, summa summarum: Positives Ergebnis, Glückwunsch, danke an die Akteure – ich finde, das Programm hat sich bewährt, und wir sind gut beraten, auf dieser Basis auch die Fortentwicklung nach vorne zu treiben.

Achim Großmann:
Herr Döring, Sie sind der Letzte in der Runde. Es gab einen ganz lieben Kollegen, mit dem ich mich sehr gut verstanden habe, auch in seiner Zeit als Wirtschaftsminister, das war Herr Rexrodt. Er war Ende der 90er-Jahre im Haushaltsausschuss Berichterstatter für unseren Einzelplan. Als wir dann eine Summe für das Thema Soziale Stadt hineingeschrieben hatten, sagte er im Berichterstattergespräch: „Die wollen Sozialarbeiter in die Stadtteile reinschicken. Das machen wir nicht mit!".

Wir redeten dann mit ihm, ein ordentliches Vier-Augen-Gespräch, wie sich das gehörte. Irgendwie merkte er dann auch, glaube ich, dass wir etwas anderes wollten als das, was in früheren Jahren schon versucht worden war – mal mit Erfolg, mal mit weniger Erfolg. Denn der Ansatz war ja, dass wir beim Aufbau der Zivilgesellschaft mithelfen wollten, dass sich im Grunde genommen die, die als Quartiersmanager ins Quartier gehen, irgendwann selbst abschaffen. Das ist zwar nicht ganz einfach, aber im Grunde genommen ist es die Idee, die dahintersteht – also die Menschen oder einen Teil der Menschen, die dort wohnen, so zu emanzipieren, dass sie auch vieles von dem, was man aufbaut, selbst tragen können. Gab es damals in der FDP generell so eine Diskussion, oder fanden Sie, als Sie in den Bundestag kamen, im Grunde genommen auch eine positive Meinung zur Sozialen Stadt vor? Denn da gibt es in der FDP-Fraktion ja auch noch Joachim Günther, der sich als Parlamentarischer Staatssekretär in den 90er-Jahren sehr intensiv um diese Themen gekümmert hat.

Patrick Döring:
Es gab eigentlich von Anfang an einen großen Streit zwischen den haushaltspolitischen Puristen und den Bau- und Stadtentwicklungspolitikern und am Ende auch zwischen den kommunalen Akteuren vor Ort und der Bundestagsfraktion. Ich erinnere mich, weil ich damals Ratsherr in Hannover war, später Fraktionsvorsitzender in Hannover. Hannover war nach dem Regierungswechsel 1998 von Anfang an mit Projekten beteiligt, was

wir auf Treffen der FDP-Fraktionsvorsitzenden der Städte, auf Städtetagen immer sehr kritisch – auch mit Günther Rexrodt, aber auch mit anderen aus der Fraktion – diskutiert haben. Natürlich kann man darüber streiten, wie hoch der investive Anteil sein muss und wie hoch der Anteil für andere Maßnahmen innerhalb des Programms sein muss.

Peter Götz, MdB, CDU/CSU;
Patrick Döring, MdB, FDP

Foto: Gerhard Kassner

Aber es hat doch eine Zeitlang gedauert, bis auch jetzt in der Fraktion – und da konnte Joachim Günther, konnten sicher auch andere, auch die jüngeren Kollegen, die so wie ich mit der kommunalen Erfahrung mit dem Programm Soziale Stadt in den Bundestag gekommen sind, dazu beitragen – deutlich wurde, dass vielleicht manche Kritik, auch manche Befürchtung 1999 ein bisschen sehr an den Haaren herbeigezogen war und dass die Projekte in den Kommunen sehr unterschiedlich ausgestaltet wurden. Das stellten wir auch bei einer Bereisung 2006 fest, auf der wir uns als Fraktion ganz unterschiedliche Projekte der Sozialen Stadt anschauten: Es wird schon auch sehr unterschiedlich mit Leben gefüllt.

Es ist doch eigentlich aus meiner Sicht besonders ermutigend, dass eben die Bundespolitik eine Idee hat, ein Programm macht, auch Geld zur Verfügung stellt – andere stellen auch Geld zur Verfügung –, aber dass am Ende diejenigen, die im Stadtteil der Sache sozusagen die richtigen Akzente geben, das Beste daraus machen. Und deshalb ist heute, glaube ich, im Vergleich zu vor zehn Jahren die große Skepsis in der Fraktion gewichen. Ich pflichte Herrn Götz bei, man kann über die eine oder andere Verbesserung sprechen, aber im Grundsatz ist angekommen und wird auch von unseren kommunalen Akteuren insbesondere in den Städten nach wie vor deutlich gemacht, dass unser Widerstand gegen das Programm Soziale Stadt im Nachhinein betrachtet heute nicht mehr begründbar und begründet ist.

Achim Großmann:
Das war ein bisschen die Abteilung Rückblick. Wobei alle so clever sind, dass sie schon auch gesagt haben, wo es noch Probleme oder den Bedarf gibt, Probleme zu lösen. Aber wir haben ja auch vereinbart, dass wir darüber noch sprechen.

Achim Großmann, Parlamentarischer Staatssekretär;
Peter Götz, MdB, CDU/CSU

Foto: Gerhard Kassner

Soziale Stadt ist gestartet – wir haben immer gesagt: Das ist ein „lernendes" Programm. Wir haben diesen Begriff dann auch beim Stadtumbau Ost und beim Stadtumbau West genommen. „Lernende Programme" – will sagen, wir haben versucht, immer die Kritik mitzunehmen, auch kritische Distanz mitzunehmen, weil man sich bei solchen Programmen ja nicht besoffen reden darf. Man muss hinschauen: Was funktioniert, was funktioniert nicht? Und man muss besser werden. Ich glaube, das muss man auch nach zehn Jahren noch, vor allem deshalb, weil wir in den Stadtteilen unter Umständen nicht immer dieselben Probleme vorfinden.

Vieles von dem, was vielleicht vor zehn Jahren im Brennpunkt stand, ist jetzt ein Stück weit zurückgetreten, steht vielleicht in der Priorität eines Stadtteils an zweiter oder dritter Stelle. Ich denke, die Wirtschaftskrise, mit der wir es zu tun haben, die zunehmende sozialräumliche Aufteilung, also das, was wir in der Fachdiskussion „Segregation" nennen, das nimmt wohl ein bisschen zu. Auch das Thema „Soziale Mischung versus ethnische Gruppierung" in Stadtteilen und schließlich die demographischen Faktoren, aber auch die Spaltungstendenzen zwischen Arm und Reich in der Gesellschaft nehmen zu. Das heißt, es kommen neue Probleme auf die Soziale Stadt zu.

Mit der Sozialen Stadt haben wir ein Programm geschaffen, das im Grunde genommen kleinräumig wirkt und auch auf das Mitmachen der Menschen angewiesen ist. Wir haben ja immer schon, auch in den letzten zehn Jahren, diskutiert. Jetzt wollen wir einmal nicht so tun, als ob wir wohnungs- oder städtepolitisch alle Probleme dieser Welt lösen könnten. Und das war ja doch der Ansatz, dass wir gesagt haben: Wir brauchen mehrere Sektoren, wir brauchen auch die anderen Politikbereiche, wir brauchen den Sozialraumbezug der anderen Politikbereiche.

Ich glaube, damit habe ich schon die Fragen aufgefächert. Ganz konkret oder präzise nachgefragt: Kommt das Programm an seine Grenzen? Oder hat es noch so viel Substanz, dass wir, wenn wir es weiterentwickeln, in zehn Jahren den 20. Geburtstag feiern?

Peter Götz:
Ich denke, einer der Punkte, über die wir uns schon im Ausschuss immer wieder unterhalten haben – auch bei der letzten Evaluation, die wir zu diesem Programm durchgeführt haben –, ist, dass deutlich wurde: Auf diesem Gebiet gibt es sehr unterschiedliche Aufgabenfelder und sehr unterschiedliche Programme, auch „Programmchen" – europäische, Bundesprogramme, Länderprogramme, bis zu kommunalen Programmen. Es fehlt mir noch eine bessere Vernetzung, eine bessere Verflechtung bei unterschiedlichen Aufgaben. Man hat manchmal die Sorge, dass das eine oder andere aneinander vorbei geht und die Gefahr relativ groß ist, dass die begrenzten Steuergelder, um die es ja bei Förderung letztlich geht, nicht zielgenau genug eingesetzt werden.

Das tangiert auch das Programm Soziale Stadt. Das Programm Soziale Stadt sollte nach meiner Meinung die Basis bilden, andere Akteure aus anderen Politikfeldern, aus anderen Aufgabenfeldern einzubinden. Wenn ich es jetzt in Ministerien aufteile: vom Familienministerium angefangen über das Arbeitsministerium bis zu dem Ministerium, in dem die Stadtentwicklung eigentlich beheimatet ist. Für mich sollte die Frage der Beschäftigung von Menschen in diesen Stadtquartieren noch stärker in den Fokus. Das steht übrigens auch im Baugesetzbuch. Es ist keine Wunschvorstellung, sondern wir haben das gesetzlich festgelegt und geregelt. Hier sehe ich in der Umsetzung noch Ansatzpunkte.

Die Frage, ob die Europäische Kommission sich damit auseinandersetzen muss – das wissen die Akteure hier am Tisch –, sehe ich sehr kritisch. Das muss nicht sein. Aber wir haben mittlerweile in Europa diese Programme, wir müssten sie dann auch stärker heranzuziehen versuchen. Oder wir müssten den Mut haben, dafür zu sorgen, dass sie in Zukunft einfach nicht mehr aufgelegt werden. Aber das ist hier auf diesem Podium leichter gesagt, als in Brüssel durchgesetzt. Nach meiner Einschätzung muss sich Europa nicht um soziale Stadtprogramme in Gelsenkirchen kümmern. Das muss man anders regeln.

Ein anderer Ansatz wäre, in der Hierarchie der verschiedenen Ebenen, die sich mit der Thematik auseinandersetzen, zu versuchen, eine bessere Verflechtung und eine bessere Koordination zu erreichen. Wir müssen zielgenauer arbeiten. Auch die Entwicklung, die wir jetzt durch die weltweite Finanzmarkt- und Wirtschaftskrise erleben, wird sich auswirken. Vielleicht wird sie in den Städten und Gemeinden erst in ein, zwei Jahren richtig spürbar, wenn die Einnahmen sichtbar wegbrechen und die damit vorhandenen finanziellen Spielräume weniger werden. Umso wichtiger wird es, Bündelungsfunktionen zu übernehmen.

Und zum Zweiten: Nicht nur auf der horizontalen Ebene, sondern auch auf der vertikalen sind zwischen den unterschiedlichen Akteuren in Europa, in Bund, in Ländern und Kommunen sicherlich noch strukturelle Verbesserungen möglich, die alle Anstrengungen wert sind.

Achim Großmann:
Herr Hettlich, welche Chancen hat das Programm? Was müssen wir anders machen? Gibt es noch Luft nach oben?

Peter Hettlich:
Es hat auf jeden Fall Luft nach oben. Für mich ist es nach sieben Jahren Bundestag – einmal in der Regierung, einmal in der Opposition, und davon sieben Jahre Sprecher der AG Ost – eine wichtige Erkenntnis, dass die Konzepte, die wir in der Sozialen Stadt entwickeln, durchaus auch als Instrumente für andere Problemfelder taugen.

Gerade im Aufbau Ost sind wir doch relativ ernüchtert, wenn man sieht, dass die klassischen Investitionsschienen, auf die wir alle über viele Jahre gesetzt haben, offensichtlich in bestimmten Regionen einfach nicht zum Erfolg geführt haben. Und wir haben als Grüne sehr frühzeitig angefangen, genau in diesen Strukturen zu denken, in denen Soziale Stadt beispielsweise auch agiert – interdisziplinär, sehr stark im Dialog, sehr stark von unten nach oben die Akteure stärkend, die Potenziale vor Ort hebend und stützend.

Foto: Bernhardt Link

Ich sage Ihnen ganz ehrlich: Diese Wirtschafts- und Finanzkrise wird vieles nicht mehr so zurücklassen, wie wir es vorher vorgefunden haben. Deswegen werden wir vielleicht sehr viel stärker genau auf diese Instrumente zurückgreifen müssen, denn sie sind effizienter als hierarchische Strukturen und Großprojekte. Und ich denke, dass es einfach der Charme der Sozialen Stadt ist, dass zum Teil auch der Weg das Ziel ist. Dass die Menschen, die bei dem Prozess mitmachen, durch das Eingebunden-Sein schon für sich einen „Profit" haben, auch wenn das eigentliche Ergebnis vielleicht auf Dauer nicht so erfolgreich ist. Aber es gehört zu einem Projekt genauso dazu, auch einmal einen Fehlschlag hinzunehmen.

Ich bin immer vorsichtig mit dieser absoluten Kontrolle bis ins letzte Detail. Wir müssen auch ein Grundvertrauen in die Akteure vor Ort haben. Und ich glaube, dass die Soziale Stadt die Herausforderungen – wir haben ja noch eine ganze Menge mehr genannt – nur zum Teil meistern kann. Daher werden wir sehr viel stärker – und das sind, für mich als Bundespolitiker jedenfalls, Erkenntnisse aus sieben Jahren – Verantwortung auch auf andere Ebenen herunterdelegieren müssen.

Was wichtig ist: Wir müssen dafür sorgen, dass die verlässliche Ausfinanzierung von oben weiterhin gesichert ist, wenn auch nicht bis ins letzte Detail durchstrukturiert. Das heißt, wir müssen dafür sorgen, dass Bund und Länder weiterhin bereit sind, dieses Programm mindestens in einer Größenordnung, die wir jetzt haben, zu unterstützen. Sonst hängen die Akteure unten irgendwann „in der Luft".

Ich glaube, dass zehn Jahre Soziale Stadt allen die Erkenntnis gebracht haben, dass es ein erfolgreiches Modell ist. Und daher bin ich optimistisch, dass das Programm noch länger laufen wird und dass wir ähnliche Modelle wie die Soziale Stadt auch noch an anderen Stellen in Deutschland brauchen und dann auch in anderer Form wiederfinden werden.

Petra Weis:
Ich glaube schon, dass wir den 20. Geburtstag der Sozialen Stadt werden feiern können – zum Ersten, weil die Problemlagen ja weiter existent sein werden, und zum Zweiten, weil das Programm aus sich heraus ausreichend Substanz hat und inzwischen ja auch finanziell unterlegt ist.

Ich hatte heute Morgen den Bauminister von NRW in seiner Funktion als Vorsitzender der Bauministerkonferenz so verstanden, dass auch die Länder eine Übereinkunft darüber erzielt haben, das Programm in den nächsten Jahren, Jahrzehnten – wie lang auch immer – weiter mitzufinanzieren. Dieser Aspekt dürfte eigentlich geklärt sein.

Ich glaube aber, dass wir – und das ist ja auch im Laufe des Tages angeklungen – noch an einigen Stellschrauben ein bisschen drehen müssen. Das bezieht sich zum einen auf die interdisziplinäre Zusammenarbeit der verschiedenen Ressorts. Da würde ich in der Tat auf Bundesebene ansetzen. Wir haben jetzt die ersten Ansätze mit BIWAQ und anderen Programmen gemacht. Aber ich habe eine der Teilnehmerinnen vorhin so verstanden, dass sie es auch ein Stück weit auf die örtliche Ebene heruntergedekliniert hat. Auch da, glaube ich, muss noch daran gearbeitet werden, dass die einzelnen Ressorts besser miteinander verzahnt werden. Zum anderen müssen wir, meine ich, das Programm inhaltlich doch noch ein bisschen stärker zuspitzen.

Ich hatte nicht erst seit dem heutigen Tag den Eindruck – aber fühle mich durch die Diskussion und durch die Berichte heute betätigt –, dass wir den Bildungsaspekt deutlich in den Vordergrund rücken müssen. Und zwar meine ich Bildung in einem sehr übergreifenden Sinne. Die Kollegin aus Berlin hat von der frühkindlichen Bildung gesprochen, die wir stärker mit einbeziehen sollten.

Das Thema Gesundheitsförderung, das wir vorhin über das Projekt in Stralsund kennen gelernt haben, ist auch ein Aspekt, der in diesen neuen Fokus mit einbezogen wird. Mir schwebt vor, dass man im Grunde genommen darauf aus ist – sicherlich auf der Bundesebene initiiert –, dass in Fragen der Bildungspolitik – Föderalismusreform hin oder her – Bund und Länder stärker kooperieren müssen.

Das wäre mir wichtig. Ebenso wie Peter Hettlich werde ich Ende dieser Legislaturperiode aus dem Bundestag ausscheiden und kann das in dieser Rolle nicht mehr aktiv begleiten. Aber mir wäre sehr daran gelegen, dass alle diejenigen von uns, die weitermachen, und die, die dazukommen, das doch noch ein bisschen stärker mit in den Blick nehmen.

Ich glaube, dass wir sozusagen eine Exzellenzinitiative einer ganz anderen Art brauchen. Wir brauchen wirklich Exzellenz in jeder Hinsicht, in sozialpolitischer Hinsicht, in baulicher Hinsicht, in personeller Hinsicht, aber auch in konzeptioneller Hinsicht – dass die besten Schulen sich in den Quartieren der Sozialen Stadt befinden. Davon würde ich ein bisschen träumen. Nicht allein im Sinne einer Stadtteilschule – das ist auch wichtig. Aber ich meine, dass auch die Kommunen ihre Politik viel stärker darauf fokussieren sollten, die kommunale Bildungsarbeit, unterstützt durch die Länder, aber auch durch den Bund, so zuzuspitzen, dass wir dort wirklich ein deutliches Aufbruchsignal setzen. Denn ich glaube, dass dies das eigentlich zentrale Zukunftsthema der nächsten zehn, zwanzig Jahre sein wird. Der Nachholbedarf ist enorm, aber ich glaube, dass wir mit der Emanzipation durch Bildung eben vor Ort anfangen sollten und das Programm Soziale Stadt der richtige Schlüssel dazu wäre.

Achim Großmann:
Herr Döring und Frau Bluhm, wo müssen wir es stärker fokussieren? Und wo würden Sie vielleicht andere Prioritäten setzen?

Patrick Döring:
Ich bin sehr froh, dass auch die Kollegin Weis das Wort „stärker fokussieren" angesprochen hat. Ich glaube schon, dass wir jetzt in eine Phase kommen, nach den ersten zehn Jahren, wo ein relativ breiter Fächer aufgemacht wurde. Dass man sich jetzt, auch als Bundesgesetzgeber, trauen sollte, deutlich zu machen, in welche Richtung man sich stärker entwickeln will.

Mir sind das zu viele Punkte, die das Programm will – von ÖPNV über Umwelt, über lokale Ökonomie bis zu Migration und Integration. Das ist ein so bunter Strauß, das ist mir ein bisschen zu breit. Ich wäre schon dafür, dass wir uns auf zwei, drei Punkte konzentrieren oder auch darüber diskutieren, welche das sein könnten.

Wobei ich ausdrücklich beim Thema Bildung warne, dass sich der Bundesgesetzgeber diesem „verminten" Gelände zuwendet, jedenfalls solange die föderale Lage ist, wie sie ist. Wir erleben das in der Landespolitik unterschiedlich intensiv, aber Landespolitiker hängen sehr an dem Thema. Ich glaube, es würde dem Programm nicht gut tun, wenn wir es mit einer Schulstruktur- oder Schuldebatte konfrontieren oder diese Debatte gar in das Programm integrieren. Das würde die Akzeptanz des Programms auf der Landesebene ganz sicher nicht erhöhen. Da ich aus dem Bundesland Niedersachsen komme, das einmal ein Jahr lang nicht kofinanziert hat, würde ich diesen Schwerpunkt nicht setzen wollen.

Was ich nach wie vor als einen großen Punkt sehe, ist tatsächlich die Frage Integration, Migrantinnen und Migranten, auch Bedeutung von Migrantinnen und Migranten für die Ausprägung lokaler Wirtschaftsstrukturen. Das liegt vielleicht daran, dass ich Ökonom bin und das vielleicht mit einer anderen, manchmal größeren Intensität verfolge. Ich nehme auch wahr, dass dieser Teil des Programms zum Beispiel in den neuen Ländern eine weitaus geringere Rolle spielt als in den alten. Auch darüber wird man einmal sprechen müssen, ob wir nach wie vor zumindest in manchen Punkten auch unterschiedliche Akzente in Ost und West setzen müssen.

Also: Fokussierung für die nächsten zehn Jahre auf zwei, drei Themen. Eines könnte aus meiner Sicht sein: Förderung regionaler Wirtschaftsstruktur, das Zweite: Migrantinnen und Migranten in Verbindung mit lokaler Ökonomie. Bei dem Dritten bin ich sehr diskussionsbereit, aber die Bildungsfrage, die Schulbildungsfrage sehe ich nicht, weil das aus meiner Sicht die Akzeptanz in der politischen Landschaft eher verringert als erhöht.

Achim Großmann:
Frau Bluhm, Sie haben die Chance zu kontern oder zu ergänzen.

Heidrun Bluhm:

Sie haben geahnt, dass ich doch etwas anders an das Thema herangehe als alle meine Vorredner der anderen Fraktionen hier. Insofern ist es vielleicht sogar richtig, mich an das Ende dieser Diskussionsrunde zu setzen.

Ich bin, was die Zukunftsfähigkeit des Programms Soziale Stadt betrifft, zwiespältig. Denn ich glaube, wir müssen zur Kenntnis nehmen – und das hat der Tag hier heute auch beim Feiern gezeigt –, dass wir dieses Programm als Politik aufgelegt haben, weil wir merkten, dass wir soziale Brennpunkte in den Städten haben, die sich allein von den kommunalen Entwicklungen her nicht regeln lassen.

Das ist ja eine positive Erkenntnis für Politik, für Bundespolitik, zu sagen: Hier schiebt sich etwas zusammen. Das soziale Gefüge – Sie haben es vorhin auch selbst dargestellt, Herr Großmann – ist nicht so, dass die Kommunen alleine vor Ort mit all diesen Problemen fertig werden. Der Bund und die Länder haben hier eine Mitverantwortung. Diese Brennpunkte haben sich systemimmanent gebildet und sind nicht erst durch die Wirtschafts- und Finanzkrise entstanden, sondern längst davor, sonst hätten wir nicht schon zehn Jahre Soziale Stadt feiern müssen. Deshalb bin ich froh darüber, dass es dieses Programm gibt und man erkannt hat, dass diese Probleme da sind und dass man sie auch von der bundespolitischen Seite über die Länder bis zu den Kommunen und sogar, Herr Götz sagte das richtig, über Europa mit im Auge hat und finanziell unterstützt.

Andererseits bin ich vom Ansatz her sehr kritisch, weil ich glaube, dass es nicht erstrebenswert ist, in zehn Jahren wieder hier zu sitzen, egal, ob wir nun noch im Bundestag sind oder nicht. Denn es ist eigentlich nicht unbedingt eine Auszeichnung, wenn wir noch weitere zehn Jahre brauchen, um die sozialen Probleme in Deutschland zu lösen, vor allem, weil wir nicht wissen, wie wir in zehn Jahren über diese Wirtschafts- und Finanzkrise hinausgekommen sind.

Deshalb sagt Die Linke und sage ich: Es muss uns gelingen, diese Arbeit zu verstetigen, die vor Ort so wichtig ist und mit so viel Herzblut organisiert wird, wie das heute hier auch dargestellt wurde. Das geht aus meiner Sicht nicht durch Programme, die wir in einem bestimmten Zeitraum auflegen, sondern es geht um Verstetigung, um die Ausstattung der kommunalen Haushalte mit sozialen Möglichkeiten, um auf Dauer angelegt solche Aufgaben wahrzunehmen.

Alleine das Beispiel Kleemobil hat gezeigt: Bis zum 31.12.2009 läuft es. Danach wird es erst einmal nicht weiterfinanziert. Die Frage steht im Raum: Wer macht diese Arbeit weiter? Und: Was passiert, wenn sie keiner weitermacht? Zweitens: Was passiert dann mit den Frauen, mit den Kindern in Stralsund, in Grünhufe, die diese Unterstützung brauchen, weil das soziale Klientel dort so ist, wie es ist, und morgen und im nächsten Jahr nicht anders sein wird? Und drittens: Was passiert mit den Frauen und Männern, die diese Arbeit vor Ort mit so viel Herzblut aufgebaut haben? Die gehen doch auch nach Hause, bleiben doch auch nicht da. Sie haben nach dem 31.12. unter Umständen keine Perspektive, wenn dieser Programmpunkt ausgelaufen ist, oder zumindest erst einmal eine „Kunstpause". Sie werden sich sicherlich irgendwie neu sozial engagieren, dann erst einmal ehrenamtlich, um später wieder in andere Strukturen hineinzukommen.

Ich glaube, das ist nicht die Lösung. Die Lösung muss sein, dass wir in den kommunalen Haushalten ständig und stets die sozialen Fragen unserer Bürgerinnen und Bürger in den Städten und Gemeinden lösen müssen.

Achim Großmann:
Das ist Bundespolitik.

Foto: Gerhard Kassner

Heidrun Bluhm:
Wir sollten für die Zukunft daran arbeiten, nicht über Sonderprogramme Schadensbekämpfung zu betreiben, sondern Ursachen zu benennen und diese Ursachen in Angriff zu nehmen und dafür eine ordentliche finanzielle Ausstattung bereitzustellen.

Achim Großmann:
Wenn man sich das Programm anschaut und wenn man Soziale Stadt definiert, ist sicher eine der Kernideen von Soziale Stadt die Integration ver-

schiedener Politikbereiche. Das würde ich klarstellend in Richtung von Herrn Döring sagen. Es geht nicht darum, dass wir sagen: Jetzt machen wir erstens, zweitens, drittens – wobei ich dann trotzdem mit Ihnen d'accord bin, dass diese Integrationsbereiche natürlich unterschiedliche Verantwortungsträger haben. Die Ausstattung der Kommunen: d'accord. Ich war 25 Jahre lang Stadtverordneter, und Sie haben auch eine kommunale Vergangenheit. Ich habe da nicht immer nur Vernünftiges beschlossen, sondern gelegentlich auch Unfug.

Deshalb glaube ich, dass auch da ein Bund-Länder-Programm, das ein bisschen steuernd und moderierend wirkt, nicht schlecht ist. Um in den Kommunen auch ein wenig ein „Leitbild" zu geben. „Leitbild" ist vielleicht das verkehrte Wort, aber Sie wissen, was ich meine: ein bisschen auch die Diskussion zu steuern.

Beim Thema Bildung bin ich ja gerne bei Ihnen, Herr Döring, dass wir da die Verantwortungsebenen nicht verwischen. Aber ich glaube, zum Aufbau einer Zivilgesellschaft, auch zum In-die-Hand-Nehmen des eigenen Schicksals gehört, dass wir uns noch einmal rückbesinnen, was denn Bildung bei uns ist. Ist Bildung, dass die Eltern sagen: Ich zahle Steuern, und dafür habt Ihr bitte dafür zu sorgen, dass meine Kinder erzogen werden? Oder sind Schule und Bildung etwas Ganzheitliches, und gehört zur Bildung vielleicht der Treffpunkt, der soziale Ort Schule? Die Theatergruppe, das Angebot von Musik, also dass Kinder in Fähigkeiten entwickelt werden, die wir vielleicht im sehr intellektuellen schulischen Betrieb nicht mehr abfordern, wodurch wir bei den Kindern auch viel „liegenlassen"? Dass sie ein ganz bestimmtes Selbstbewusstsein, eine Identitätsentwicklung, eine Persönlichkeitsentwicklung in einigen Bereichen nicht mehr schaffen, weil das Angebot in der Schule fehlt?

Auch das Thema „Bildung und Ort der Bildung", „Was passiert in diesem Ort?" – wobei ich das alles jetzt überhaupt nicht den Pädagogen aufhalsen will –, ich glaube, das haben Sie durch meine Einstiegsbemerkung schon gehört, dürfen wir nicht aus den Augen verlieren.

Wir müssen an dem Programm weiterhin arbeiten, aber wir müssen uns immer wieder darüber klar werden, was denn das Profil des Programms ist und wo es seine Stärken entwickelt hat.

Peter Hettlich:
Ich komme aus der kommunalen Politik und habe in Sachsen erlebt, dass Kommunalpolitiker die Prioritäten ganz woanders und zum Teil auch an der falschen Stelle setzen. Ich erinnere mich noch an die Anhörung, in der

der heutige Kölner Baubürgermeister gerade, was das Thema Soziale Stadt angeht, gezeigt hat, dass bei bestimmten Kommunalpolitikern dieses Thema nicht angekommen ist.

Ich bin der Letzte, der behauptet, dass unsere Kommunen finanziell gut versorgt sind. Aber ich habe auch betont: Eine „verlässliche Finanzierung" heißt nicht, dass nur der Bund das Geld gibt. Dass wir die Strukturen kommunaler Finanzierung in Zukunft anders regeln müssen, ist keine Frage. Aber was zurzeit in den Kommunen abgeht, da stehen mir die Haare zu Berge, wenn ich mir anschaue, welche verrückten Projekte realisiert werden, weil sie „zusätzlich" sind. Von Nachhaltigkeit ist da keine Rede mehr. Das ist für mich ein Punkt, an dem ich der Behauptung widersprechen muss, dass die Kommunen grundsätzlich immer die armen Schwachen sind. Aber ich sage es auch noch einmal. Aus meiner Sicht ist es eben genau dieser Punkt: Wir können zwar viele Dinge modellhaft anstoßen, aber letzten Endes müssen wir die Akteure vor Ort in die Lage versetzen, diese Programme effektiv und selbständig weiterzuführen. Und zwar in einer noch stärkeren Art und Weise, als es bis jetzt über die Modellprojekte gelaufen ist.

Ich habe schon gesagt: Die Wirtschafts- und Finanzkrise wird noch ganz andere soziale Probleme aufwerfen, und da werden wir noch über ganz andere Probleme sprechen müssen. Ich denke nur daran, dass in der Stadt Berlin vor anderthalb Jahren das Thema „Segregation, die Stadt wird gespalten" als Überschrift groß über einem Artikel stand. Vielen Leuten scheint es aber nicht bewusst zu sein, was im Augenblick an Prozessen abläuft.

So haben auch in Hamburg die Grünen nach der Wahl feststellen müssen, dass ihre Stadt in bestimmten Quartieren „auseinanderfällt". Da muss man natürlich gegensteuern, und dafür muss man natürlich auch entsprechend Geld in die Hand nehmen. In Hamburg dürfte es eigentlich nicht am Finanziellen scheitern. Da ist es dann eher die Frage: Wo setzen wir unsere Prioritäten? Elbphilharmonie oder soziale Projekte in der Stadt? Da muss man sich als Kommunalpolitiker schon entscheiden.

Peter Götz:
Vielleicht noch einmal zu dem generellen Thema „Kommunale Finanzkraft". Ich selbst bin ja außer der Funktion, in der ich jetzt hier sitze, kommunalpolitischer Sprecher der CDU/CSU-Fraktion im Deutschen Bundestag und insofern von Berufswegen dafür, dass die Städte und Gemeinden kommunale Selbstverwaltung leben müssen, dass Finanzautonomie da ist. Das ist alles selbstverständlich.

Und trotzdem sage ich auch: Es gibt Grenzbereiche. Dazu gehört das Feld der Stadterneuerung. Wir haben im Rahmen der Föderalismusreform lange diskutiert, ob wir diese Aufgabe als Bund abgeben oder nicht. Der Wunsch dafür war vorhanden, die Kommunen das alles selbst mit den Ländern machen zu lassen.

Heidrun Bluhm, MdB, Die Linke;
Petra Weis, MdB, SPD;
Peter Hettlich, MdB, Bündnis 90/Die Grünen;
Achim Großmann, Parlamentarischer Staatssekretär;
Peter Götz, MdB, CDU/CSU;
Patrick Döring, MdB, FDP

Foto: Gerhard Kassner

Ich habe mich dafür stark gemacht, dass das Thema Städtebauförderung im Rahmen der Föderalismusreform in der Zuständigkeit des Bundes und der Länder und damit gemeinsame Aufgabe von Bund, Ländern und Kommunen bleibt. Dazu gehört übrigens auch im gesamten Kontext das Thema Soziale Stadt, sonst könnten wir heute vermutlich nicht mehr das zehnjährige Bestehen feiern. Denn wenn das Programm weg ist, ist es weg. Deshalb stehe ich auch dazu.

Nach meiner Überzeugung gibt es im kommunalen Bereich Aufgaben, bei denen die Gemeinde oder die Stadt überfordert ist, die Aufgabe selbst zu finanzieren.

Drittens: Wir diskutieren hier den Bereich „Programm Soziale Stadt als Reparaturbetrieb" – das gilt auch insgesamt für die Städtebauförderung und für viele andere Programme. Vielleicht sollten wir stärker unser „Hirnschmalz" – so sagen wir im Badischen – dafür verwenden: Was sind die Ursachen, dass wir reparieren müssen? Vielleicht kann man an der Ursache ansetzen. Vielleicht kann man Stadtplanung, Stadtentwicklungsplanung anders gestalten, als es in der Vergangenheit der Fall war, dass solche Problemgebiete gar nicht entstehen? Brauchen wir auf der Grünen Wiese noch Factory-Outlet-Center oder nicht? Oder schaffen wir es wieder, die Städte von innen heraus besser zu beleben, das Wohnen wieder attraktiver zu gestalten, es bezahlbar zu machen? Auch das gehört zum aktiven Gestalten dazu.

Vielleicht können wir den Reparaturbetrieb nach 20 Jahren Soziale Stadt auf einer ganz anderen Ebene diskutieren. Wenn wir die gesamten gesellschaftspolitischen Herausforderungen – wie Arbeitsmarkt- und Bildungspolitik oder Integrationsfragen – zu einer anderen Gesellschaft hingeführt haben, in der es diese Differenzen, diese großen Unterschiede, von denen Herr Großmann vorhin gesprochen hat, einfach nicht mehr in dem Spannungsfeld gibt, wäre auch viel erreicht.

Das heißt, mein Ansatz setzt noch früher an: Nicht erst warten, bis das Programm Soziale Stadt das repariert, was vorher von irgendjemandem bewusst oder unbewusst so gestaltet wurde, dass anschließend ein Programm Soziale Stadt notwendig wird. Wenn es nicht notwendig wird, fühlen sich die Menschen, die dort leben, vermutlich nicht unwohler. Und deshalb gehe ich darüber hinaus: Wir brauchen starke Städte und Gemeinden. Und bei allem Wunschdenken, das ich jetzt geäußert habe, bin ich auch Realist. Das Betrachten der Realität hilft manchmal auch bei politischen Entscheidungen. Deshalb gehe ich davon aus, dass wir das Programm Soziale Stadt noch viele Jahre brauchen. Und trotzdem entbindet es uns nicht der Verantwortung, auch verstärkt darüber nachzudenken: Was kann man tun, damit man kein Programm Soziale Stadt braucht, im Interesse der Menschen, die dort leben?

Achim Großmann:
Diese Passage „Reparatur" schließt ein bisschen an das an, was Sie sagten, Frau Bluhm.

Heidrun Bluhm:
Ich denke, die Diskussion zeigt, dass ich mit den Ansätzen, über die wir Linke verfügen, für die Verstetigung der sozialen Aufgabe stehe und dass ich auch nicht möchte, dass das Geld vom Bund jetzt eingespart wird, weil wir zu der Erkenntnis kommen oder weil ich gesagt habe, wir müssten das Programm nicht so weiterführen und wollten hier auch nicht in zehn Jahren „20 Jahre Soziale Stadt" feiern.

Ich will schon, dass dieses Geld bei den Kommunen ankommt, und ich glaube auch, dass insbesondere die Kommunen vor Ort ganz genau wissen, wo die sozialen Brennpunkte sind, wo angesetzt werden muss, wo dieses Geld dann aber dauerhaft dafür verwendet werden muss, dass Ursachen bekämpft werden und letztlich alle Bürgerinnen und Bürger, egal welcher Schicht, welcher

Religion sie angehören und welchen Migrationshintergrund sie haben, in den Städten annähernd gleiche Lebensverhältnisse haben können. Das ist der Ansatz der Linken, und das ist, meine ich, nicht zu erreichen dadurch, dass man dauerhaft Sonderprogramme auflegt, die unter bestimmten Kriterien darüber entscheiden, ob man etwas kriegt oder nicht.

Die Unterschiede in den Programmen sind hier heute sehr deutlich geworden – und wie unterschiedlich das Geld ausgegeben wird. Als ehemalige Kommunalpolitikerin weiß ich natürlich, dass manchmal bei der Finanzierung, wenn es um Haushaltsdiskussionen geht, über politische Mehrheiten in einer Gemeinde nicht unbedingt die Priorität gefunden wird. Aber ich will hier auch ganz deutlich sagen: Auch der Bund macht nicht alles richtig. Wir sollten nicht so tun, als wenn wir keine Fehler machen. Insofern sollten wir zugestehen, dass es den Gemeinden ab und zu wegen der politischen Mehrheiten, die heute so sind und morgen anders, durchaus passiert, dass eine Fehlinvestition gemacht wird. Also wenn ich an das Berliner Stadtschloss denke, da wird mir aus bundespolitischer Sicht auch nicht gerade gut ums Herz. Das aber mal beiseite.

Was ich mir wünsche, ist, dass wir Politiker auf der Bundesebene realisieren, dass die Menschen zu einem menschenwürdigen Leben eine einigermaßen soziale Grundsicherung brauchen. Das muss die Basis für die weitere Diskussion sein, wie wir mit dem Programm Soziale Stadt in Zukunft umgehen. Ob wir die Stellschrauben ein bisschen mehr auf Bildung oder ein bisschen mehr auf Migration oder ein bisschen mehr auf wirtschaftliche regionale Dinge fokussieren, das will ich hier in diesem Rahmen gar nicht diskutieren, das müssen Expertenkommissionen oder die kommunalen Erfahrungsträger diskutieren.

Für mich ist es wichtig, dass wir uns hier heute darauf verständigen, dass diese Aufgabe als soziale Aufgabe erkannt wird, dass die Gesellschaft gemeinsam dafür verantwortlich ist, dass eine 16-, 17-, 18-jährige Mutter nicht erst durch fremde Hilfe lernen muss, wie man eine Babyflasche wärmt, sondern dass wir das vorher überlegen. Und insofern ist der überfachliche Ansatz, auch in diesem Programm, ähnlich wie beim Stadtumbau, ganz, ganz wichtig. Wir haben als Linke in diesen vergangenen vier Jahren mehrere Konferenzen veranstaltet und uns dem Thema Soziale Stadt, dem Thema Stadtumbau gewidmet. Und das Ganze mündet jetzt in einem Thesenpapier, das heißt „Die linke Stadt der Zukunft" – das wird in den nächsten vier Wochen auf unseren Internetseiten abrufbar sein –, in dem wir von einem ganzheitlichen gesellschaftlichen Ansatz ausgehen, dass Stadtumbau zum Beispiel nur die bauliche Hülle dessen ist, was in diesen Hüllen passiert. Und das ist es, was uns im Wesentlichen wichtig sein muss, wo wir die Stellschrauben von bundespolitischen, landespolitischen, aber auch kommunalpolitischen Aspekten sehen müssen.

Da brauchen wir einen größeren Dialog, und die kritische Begleitung der Bürgerinnen und Bürger sollte uns ganz wichtig sein. Wir sollten uns auch kritisieren lassen in diesem Prozess, wir sollten uns auch auf Schwachpunkte aufmerksam machen lassen – also nicht abgehoben von oben am Grünen Tisch Förderprogramme ausdenken, wenn sie auch noch so gut sind und zehn Jahre sogar gut funktioniert haben, was ich heute hier ja auch anerkenne.

Aber ich denke, das gelingt uns nur, wenn wir es gemeinsam schaffen – und das wäre mir das Wichtigste in der Zukunft dieses Programms: dass wir es alle gemeinsam wollen.

Patrick Döring:
Zunächst bin ich eigentlich ganz froh, dass die Menschen sich ja doch anders verhalten, als die Politik es immer so glaubt und auch vorzugeben meint. Das wird, sage ich einmal ein bisschen provokativ, geschätzte Kollegin Bluhm, wahrscheinlich dem Konzept der Linken genauso gehen wie dem Konzept Soziale Stadt. Ich glaube, wir dürfen nicht den Fehler begehen, dass wir glauben, wir könnten mit Stadtumbauprogrammen oder Stadtentwicklungsprogrammen oder dem Programm Soziale Stadt jedes Problem der Bundesrepublik Deutschland lösen oder ansprechen oder anreißen.

Ich halte es nach wie vor für richtig, dass die Bundespolitik mit diesem Programm die Impulse in eine gewisse Richtung setzt. Aber es ist dann auch die Aufgabe der kommunalen Handlungsträger, der Kommunalpolitikerinnen und Kommunalpolitiker, das, was gut ist, und das, was gut funktioniert, zu verstetigen und auch zu unterlegen, dafür stellen sich die Kolleginnen und Kollegen nämlich auch Wahlen.

Dass das Programm dann am Ende eben vielleicht auch Fehlentscheidungen politisch bewertet, vielleicht auch Fehlentscheidungen aus der Bundesperspektive... Aber am Ende sollten wir, glaube ich, auch nicht verkennen, dass es ein Zusammenwirken aller Ebenen sein muss, sonst kann das Programm nicht leben.

Wenn man die Fortentwicklung und die Frage diskutiert, welche Probleme noch auf uns zukommen, dann finde ich den Begriff, den Herr Großmann genannt hat – „es ist ein lernendes Programm" –, ausgesprochen gut und richtig. Natürlich wissen wir heute nicht, was in fünf Jahren vielleicht der Impuls oder Schwerpunkt sein wird. Das muss aber auch nicht so sein.

Wenn wir uns gemeinsam darauf verständigen, dass wir als Bund einen Betrag verstetigt für diese besonderen Aufgaben aufwenden, dann werden wir zur gegebenen Zeit, glaube ich, auch die richtigen Akzente setzen. Ich störe mich daran, dass – das war zu Anfang vielleicht auch ein Grund, warum die FDP-Fraktion eher ablehnend war – man sozusagen gesagt hat: Das sind die Kernprobleme, und da muss jetzt etwas getan werden.

Achim Großmann, Parlamentarischer Staatssekretär;
Peter Götz, MdB, CDU/CSU;
Patrick Döring, MdB, FDP

Foto: Gerhard Kassner

Ich finde es eigentlich viel wohltuender – und das ist doch auch ein Stück Wirklichkeit, weil so viele Kolleginnen und Kollegen aus kommunaler Verantwortung, die dem nächsten Bundestag neu angehören werden, mit den Problemen ihrer Städte kommen werden –, dass das Programm sich dann weiter entwickelt. Mit diesem Gedanken und mit dieser Offenheit auch für die neuen Probleme und Schwerpunkte und vielleicht für noch stärkere Differenzierung, was regionale Unterschiede angeht, sind wir gut beraten, das Programm weiter existieren zu lassen.

Es darf am Ende nicht dazu führen, dass die Bundespolitik sagt: Das ist die Richtung, die wir vorgeben – und das, obwohl am Ende diejenigen, die das umsetzen wollen, sagen, „Wir haben aber ganz andere Probleme." Das wäre doch die allerschlechteste Lösung. Und deshalb tue ich mich sehr schwer, in der Diskussion jetzt schon sozusagen die nächsten zehn Jahre zu verplanen.

Das Thema Finanz- und Wirtschaftskrise wird Auswirkungen haben, und die meisten dieser Auswirkungen wird nicht die Stadtentwicklungspolitik lösen können, da bin ich nun mal Realist.

Aber wir erleben doch zwei Dinge, die hoffnungsfroh machen. Erstens erleben wir eine Renaissance der Stadt, was das Wohnen in der Stadt angeht. Das hat natürlich auch positive Auswirkungen, auch auf Stadtteile, in die vielleicht der eine oder andere mit Familie vor fünf Jahren noch nicht ziehen wollte. Auch das verändert die Akzente in den Stadtteilen, jedenfalls nehme ich das wahr.

Zweitens wird doch in den meisten Regionen der Republik über das Thema „Große Flächenausweisungen am Rande der Stadt" erfreulicherweise nicht mehr so intensiv diskutiert wie Mitte der 90er-Jahre. Das mag unterschiedlich sein, aber ich glaube, der Trend hat auch abgenommen. Wenn wir das auch politisch sehen, wenn wir zum Beispiel politisch sagen, „Wir wollen weniger Flächenverbrauch" – das ist ja auch ein Ziel der Bundesregierung –, und das baupolitisch, stadtentwicklungspolitisch unterfüttern, dann wird auch das Engagement für eine lebens- und liebenswerte Stadt zunehmen.

Insofern glaube ich, dass es eher ein Von-unten-nach-oben-Prozess als ein Von-oben-nach-unten-Prozess ist, und den kann das Programm, glaube ich, sehr gut verkraften. Und dann ist die Politik und sind wir als Bundespolitik auch gut beraten, diese Impulse von unten in neue Impulse von oben umzusetzen. Ob das dann eine „Linke Stadt der Zukunft" ist oder eine „Freie Stadt der Zukunft", darüber noch einmal zu diskutieren, bin ich sehr dafür. Ich bin für „Zukunft für die Stadt", und das ist es doch, was uns alle, die wir hier sind, verbindet.

Achim Großmann:
Vielleicht auch eine „Soziale Stadt".

Petra Weis:
Ich bin, im Gegensatz zu vielleicht manch anderen, der Meinung, dass man den Slogan oder den Titel durchaus beibehalten sollte. Aber angesichts der fortgeschrittenen Zeit muss ich meine vielfältigen Assoziationen, die ich im Laufe der letzten beiden Runden gewonnen habe, jetzt sehr stark konzentrieren.

Die Soziale Stadt in der Tat als Reparaturbetrieb für Auswüchse des Kapitalismus zu definieren, würde, glaube ich, dieses Programm wie die Stadtentwicklungspolitik im Allgemeinen überfordern.

Ein Programm Soziale Stadt kann nicht ausgleichen, was wir noch hinsichtlich der Frage, wie sich eigentlich unsere sozialen Sicherungssysteme in die Zukunft entwickeln werden, zu diskutieren haben. Wir werden auch sicherlich über die Soziale Stadt nicht die globale Wirtschaftsordnung über den Haufen werfen, aber wir können über die lokale Ökonomie dafür sorgen, dass vor Ort die vorhandenen Potenziale besser ausgeschöpft werden.

Auch ich habe eine kommunalpolitische Vergangenheit. Ich wollte das eigentlich gar nicht ansprechen, aber mir ist während der Runde Folgendes aufgefallen: Ich habe mich lange nicht mehr daran erinnert, dass eine meiner wesentlichen Erfahrungen bei meinen vielen Reisen in viele Städte der Bundesrepublik war, dass mir die kommunalen Akteure vor Ort – sowohl die Politikerinnen und Politiker als auch die Menschen in den Verwaltungen, ungefragt im Übrigen – gesagt haben: Wir sind so froh, dass es die Soziale Stadt gibt, denn sonst hätte der Vertreter des Planungsamtes wahrscheinlich in seinem Leben oder in seiner Laufbahn nicht mit dem Vertreter des Jugendamtes diskutiert und der wiederum nicht mit der Vertreterin des Sozialamtes.

Insofern hat sich die Frage oder die Kritik, die Heidrun Bluhm in ihrem ersten Wortbeitrag geäußert hat, eigentlich schon fast ein bisschen in Luft aufgelöst. Weil sozusagen die Erfahrung von unten ja die ist: Wie schön, dass es dieses Programm mit seinem integrierten Ansatz gibt!

Ich habe es bei aller Kritik an der Föderalismusreform für einen Segen erachtet, dass es uns gelungen ist, in langen Auseinandersetzungen – Herr Kollege Götz hatte darauf hingewiesen – die Städtebauförderung als ein Gemeinschaftswerk von Bund, Ländern und Gemeinden zu erhalten. Das war wirklich sehr, sehr segensreich, und es hat mich auch ein Stückchen weit mit der Föderalismusreform versöhnt – ich sage das einmal unter allem Vorbehalt.

Im Vorgespräch hatte ich es schon gesagt: Vor allem hinsichtlich dessen, was ich mit einem sehr übergreifenden Bildungsbegriff angesprochen habe, Kollege Döring, ich meinte keine Schulstrukturdebatte – um Himmels Willen nicht! –, sondern ich meinte Bildung in einem sehr umfassenden Sinne. Das hat mich doch fast schon wieder zur Zentralistin werden lassen, aber das nur als kleiner Spaß am Rande.

Wir müssen uns – das ist, glaube ich, das Wichtigste – immer eingestehen, dass es unsere Aufgabe ist, das Programm mit den Akteuren vor Ort und den diversen politischen Ebenen ständig zu reflektieren, und zwar so, wie Franz Müntefering das heute morgen gesagt hat: selbstbewusst, aber auch selbstkritisch. Ich glaube, das Selbstbewusstsein haben wir uns, haben Sie sich in den letzten Jahren oder in diesem letzten Jahrzehnt wirklich erarbeitet, und das ist auch ein Fundament, auf dem wir aufbauen können.

Ich hatte vorhin deswegen den 20. Geburtstag in den Mund genommen, weil ich einfach glaube, dass wir uns darüber im Klaren sind, dass die Probleme nicht nachlassen werden und dass wir bei aller Begrenztheit des Programms doch für uns auch als Fachpolitiker darauf hinwirken müssen, dass wir es in der Tat finanziell ordentlich ausstatten. Ich finde, das ist eine Selbstverpflichtung, darüber brauchen wir auch gar nicht weiter zu streiten. Es ist uns in den letzten Jahren gut gelungen, und wir sollten daran festhalten.

Zweitens meine ich, dass wir die partizipatorischen Elemente stärker in den Blick nehmen sollten. Ich finde es gut, dass wir über dieses Programm überhaupt die Möglichkeit haben, hier in diesem Raum mit diesen Menschen zusammenzukommen. Das würde uns sonst gar nicht gelingen, und wenn wir uns nicht politisch verständigt hätten, hat Kollege Götz zu Recht gesagt, würden wir vielleicht heute gar nicht hier sitzen, weil es das Programm einfach gar nicht mehr gäbe. Das wäre eine solche Vergeudung von Chancen, dass ich in der Tat glaube: Dieses Programm hat Zukunft.

Kollege Döring hat zu Recht gesagt, „Natürlich haben die Städte Zukunft." Dazu hat sicherlich in einem gewissen Ausmaß auch die Soziale Stadt beigetragen. Die Soziale Stadt ist heute eben nicht mehr sozusagen ein Synonym für Defizite. Bei uns in Duisburg heißt es auch nicht mehr „Städte mit besonderem Erneuerungsbedarf", es heißt auch nicht mehr „Stadtteile mit besonderem Entwicklungsbedarf", sondern es heißt „Stadtteile mit ganz besonderen Potenzialen".

Foto: Bernhardt Link

Als dies das erste Mal diskutiert wurde, haben viele in Duisburg ein bisschen die Hände gestreckt und gesagt „Um Himmels Willen! Was wollt Ihr uns damit sagen?!" Und ich habe gesagt: Ich will euch damit sagen, dass wir in den Stadtteilen der Sozialen Stadt mit Menschen konfrontiert sind, die zweifelsohne größere Probleme haben als manch andere, aber sie haben zweifelsohne auch viel, viel größere Potenziale. Und die Potenziale zu wecken, ihnen zum Durchbruch zu verhelfen und gemeinsam mit dem bürgerschaftlichen Engagement dafür zu sorgen, dass wir auf dieser Ebene das wieder herstellen, was ich vorhin in meinem ersten Beitrag „Gesellschaftsfähigkeit" genannt habe – das ist ein Synonym, das ich jetzt hier sicherlich großartig erklären müsste, aber dafür fehlt mir die Zeit –, dass wir das über dieses Programm in Szene setzen können. Ich finde, wir sollten die nächsten zehn Jahre dazu nutzen, weiterhin in dieser Richtung frisch ans Werk zu gehen.

Schlusswort

Folgerungen und Ausblick

*Achim Großmann, Parlamentarischer Staatssekretär
beim Bundesminister für Verkehr, Bau und Stadtentwicklung*

Zunächst ein herzliches Dankeschön an alle, die heute auf dem Podium gesessen haben. Ich finde, es war eine spannende Diskussion. Vielen Dank an Sie, ich glaube, das tut gut, es wird einem auch manchmal warm ums Herz, wenn man hört, dass man gebraucht wird, dass man gute Arbeit gemacht hat. Sie werden gebraucht, Sie haben gute, Sie haben teilweise sehr gute Arbeit gemacht, und ohne dieses Engagement wäre die Soziale Stadt eine Worthülse.

Achim Großmann, Parlamentarischer Staatssekretär

Foto: Gerhard Kassner

Dass wir in den letzten zehn Jahren so engagiert über so viele Projekte gesprochen haben, nicht nur heute, sondern in vielen Veranstaltungen, zeigt, dass wir aktive, engagierte Mitstreiterinnen und Mitstreiter gefunden haben. Und auch viele Menschen, die in den Städten wohnen, haben für sich wieder – die waren schon vorher stolz und haben sich nur über eine schlechte Adresse geärgert – so etwas wie Stolz und Zufriedenheit geschaffen, und vieles hat sich in den Städten bewegt.

Dass wir irgendwann einmal Städte haben, in denen es keine Probleme mehr gibt, wage ich als Psychologe einfach in Abrede zu stellen. Das würde bedeuten, dass wir Menschen uns zu einer Kategorie Lebewesen entwickeln würden, die ich im Moment noch nicht greifbar vor mir sehe.

Ich habe eher das Gefühl, dass wir froh sein können, wenn wir noch reparieren können, als dass wir auf dem einen oder anderen Weg in einer Richtung sind, wo wir nicht mehr reparieren können, weil wir Entscheidungen treffen, die vielleicht nicht mehr reparabel sind. Deshalb finde ich es toll, dass wir Programme haben, mit denen wir auf Fehlentwicklungen reagieren können. Und die gibt es nun mal. Die passieren natürlich auch Bundespolitikern, sie passieren Kommunalpolitikern, sie passieren in jeder Familie.

Ich glaube auch nicht, dass man das Wärmen einer Babyflasche von der finanziellen Ausstattung eines Haushalts her definieren kann, sondern meine, dass andere Maßstäbe verloren gegangen sind. Deshalb werbe ich nach wie vor sehr inständig für das Thema „Integrierte Stadtentwicklungspolitik, integrierte Programme". Nur wenn wir das zusammenführen, haben wir eine Chance, das aufzuarbeiten, was wir wollen. Denn dass wir wieder an der Zivilgesellschaft arbeiten müssen, liegt ja auch daran, dass sie uns abhanden gekommen ist. Es gab früher eine viel stärkere Zivilgesellschaft. Es gab immer Probleme und es wird auch immer Probleme geben.

Was haben wir also als Politiker zu tun, wenn wir Sie wiedersehen wollen und wenn wir Ihre Arbeit unterstützen wollen? Wir haben dafür zu sorgen, dass wir vernünftiges Geld, vernünftige ausgewogene finanzielle Richtlinien schaffen, was nicht ganz einfach ist, Herr Götz. Ich habe ja versucht, flammende Reden zu halten, aber wir haben jetzt nun einmal im Grundgesetz stehen, dass bei der Mischfinanzierung – wir haben sie zwar erhalten – die Programme degressiv gestaltet werden sollen.

Heute kriegen wir interessanterweise von den Länderministern, von den Länderbauministern Briefe, welchen Unsinn wir denn da beschlossen hätten! Ich schreibe ihnen immer zurück, dass sie den Unsinn in die Diskussion gebracht hätten, denn sie wollten, dass die Programme degressiv finanziell ausgestattet werden. Es schreiben einige Kolleginnen und Kollegen aus dem Bundestag, welchen Unsinn wir da im Gesetz stehen hätten! Dann muss ich ihnen leider zurückschreiben, dass sie alle diesem Unsinn zugestimmt haben, obwohl wir sie gewarnt hatten.

Vielleicht gibt es also eine Chance, es noch einmal abzuändern, dass wir nicht in diese irrsinnige Degression hineinkommen, sondern dass wir die finanzielle Ausstattung der Programme beibehalten – eine vernünftige Ausstattung.

Das Zweite ist natürlich: „Lernendes Programm". Natürlich müssen wir neue Prioritäten setzen und überlegen, ob das richtig ist. Wir haben auch evaluiert. Wir haben von vornherein gesagt, dass wir einen Teil des Geldes ausgeben, damit uns Wissenschaftlicher und Praktiker von außen erklären, was an diesem Programm gut und was falsch läuft. Ich finde, das ist „State of the Art". Man muss selbstkritisch über solche Programme reden können – und das bedeutet, dass wir uns von außen sagen lassen müssen, was stimmt und was nicht stimmt.

Wir müssen die Programme fokussieren und vielleicht in dem einen oder anderen Falle auch präzisieren, und die Aufgabenstellungen werden sich unter Umständen ändern. Man wird sich darüber unterhalten müssen, ob all das so bleibt, was wir als gottgegeben hinnehmen, oder ob wir nicht, wie das in den USA fast üblich ist, ein Chinesen-Viertel haben oder Downtown – das gibt es ja schon. Sie wissen, was ich meine.

Alles, was wir im Grunde genommen für uns als Inhalt einer Stadt definiert haben, ist nicht von vornherein gottgegeben. Wenn wir immer vom „Leitbild" oder der „Europäischen Stadt" sprechen, von der tollen „Europäischen Stadt", dann sage ich in meinen Reden immer wieder: Was, meine Damen und Herren, ist bitteschön eine „Europäische Stadt"? Auch das muss ständig neu definiert werden. Was bedeutet das, was meinen wir damit inhaltlich?

Also: Unsere Aufgabe ist es, Geld zur Verfügung zu stellen, den Prozess zu moderieren, mit Ihnen in Kontakt zu bleiben, zu überlegen, wie es weitergeht, wie wir Programme weiterentwickeln können. Und wenn wir alle dabei besser werden, dann kann das Programm nur helfen.

Ich darf Ihnen danken, darf denen danken, die die Veranstaltung heute vorbereitet haben, die uns bei der Organisation der Veranstaltung geholfen haben. Das war wie immer viel Arbeit. Ich wünsche Ihnen viel Erfolg und viel Glück bei Ihrer Arbeit und einen guten Nachhauseweg. Vielen Dank.